令和6年度学力検査［第Ⅰ期］

国　語

（45分）

受検上の注意

1 「始めなさい。」の指示があるまで，問題を見てはいけません。
2 解答用紙は，この表紙の裏面です。
3 指示があったら，解答用紙と問題用紙を全部調べなさい。問題用紙は1ページから11ページにわたって印刷してあります。もし，ページが足りなかったり，やぶれていたり，印刷のわるいところがあったりした場合は，手をあげて監督の先生に言いなさい。そのあと，指示に従って解答用紙に受検番号，志願校名を書き入れてから始めなさい。
4 解答用紙の定められたところに，記号，数，式，ことば，文章などを書き入れて答えるようになっていますから，よく注意して，答えを書くところや書き方をまちがえないようにしなさい。
5 答えが解答欄の外にはみ出したり，アかイかよくわからない記号を書いたりすると，誤答として採点されることがあります。
6 解答用紙に印刷してある□や※□には，なにも書いてはいけません。
7 メモなどには，問題用紙の余白を利用しなさい。
8 「やめなさい。」の指示があったら，すぐに書くのをやめ，解答用紙を机の上に広げて置きなさい。問題用紙は持ち帰りなさい。
9 解答用紙は，検査室からいっさい持ち出してはいけません。

岡山県公立高等学校

2024(R6) 岡山県公立高　一般
教英出版

解答用紙

注意　字数が指定されている設問では、「、」や「。」も一ます使いなさい。

受検番号
（算用数字）
志願校

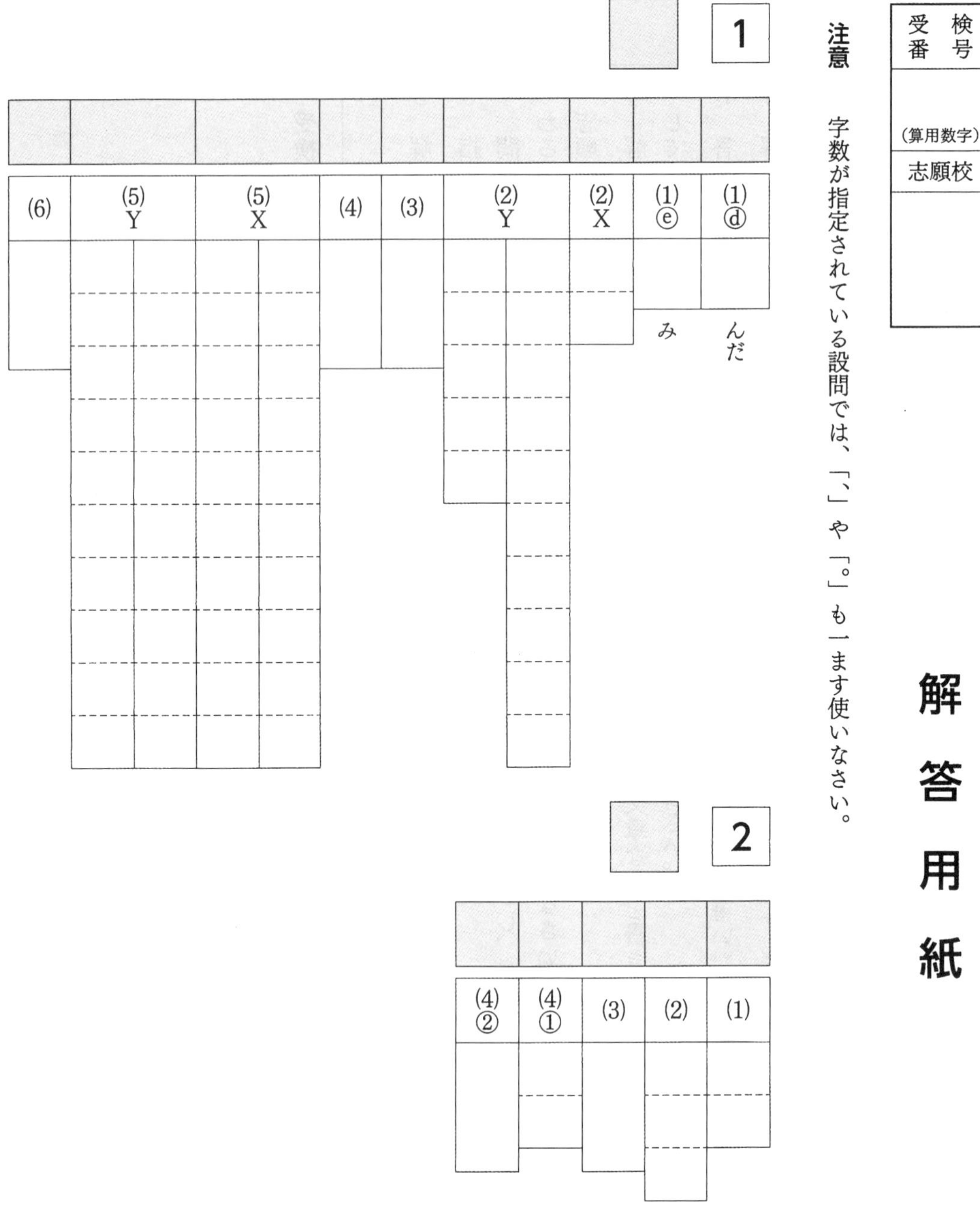

※

※70点満点
（配点非公表）

問題は、次のページから始まります。

1

次の文章は、高校生の「浜野理名」が母親と夕食をとる場面です。「理名」は反抗期を迎えて、母と顔を合わせないように自室で過ごすことが多くなっていました。これを読んで、(1)～(6)に答えなさい。

ママお弁当を作るの、やめる。

浜野理名の母親、麻耶（まや）がそう宣言したのは、節分が終わってからだ。

父親が上海（シャンハイ）に単身赴任し、兄の大知が進学とともに家を出て、理名と母の二人暮らしはもうじき三年目にさしかかる。フルタイムで働きながら家事をこなしている母に感謝しているし、手伝おうと思うものの、理名は、なかなか感謝の言葉は言えず、実際に手伝ったりもしていない。だって忙しいんだもん、と理名は言い訳のように思う。勉強もしなくちゃだし、友だちづきあいもあるし、好きな人とどうすれば両思いになれるのか悩んでもいるし、進路のことも考えなきゃいけない。それに最近は、母と話すのもおっくうなのだ。すぐに意見されるし。

「ママはがんばりすぎた、理名のこともかまいすぎた。このままだと理名はなんにもできない人になっちゃう。なんにもできない人は、男でも女でもまったくもてない時代なのに」と、夕食を食べながら母は言う。「だからママ、明日からお弁当やめる。自分で作ってもいいし、何か買ってもいいよ」

母はそう言って、食べ終えた自分の食器を下げて、洗わず、テレビの前のソファに座り、このところはまっているらしい韓国ドラマを見はじめる。

理名はⓐ居心地の悪い思いで食事を終えて、食器を下げ、母のぶんといっしょに洗って水切りかごに入れた。

そんなふうには言っても、でも何か、かんたんなものは用意してあるだろうな。翌朝目覚め、そう思いながら階下にいくと、驚いたことに母はもういなかった。お弁当もなく、冷蔵庫を開けても作り置きのおかずもない。冷凍庫にも、お弁当に使えそうな冷凍食品もない。

「マジか」思わず理名はつぶやく。時計を確認し、ⓑ「マジか」もう一度つぶやいて、速攻で制服に着替え、髪を整え、泣きそうになりながら寝癖をなおし、通学鞄（つうがくかばん）にノートや教科書を詰めて、ガスの元栓と鍵が閉まっているかを確認して家を飛び出す。

コンビニエンスストアのサンドイッチを食べながら、理名は萌衣（もえ）や玲佳（れいか）の弁当を盗み見る。

「いいなあ、うちなんか、ママが弁当ストライキ起こして、今日から作らないんだって」と言うと、

「え、私、高校入ってからずっと自分で作ってるよ」と萌衣が言い、

「マジで？」理名と玲佳は声を揃（そろ）えた。あらためて萌衣の弁当を見る。ブロッコリーとチーズのサラダ、プチトマト、じゃこ入り卵焼き、ウインナーと肉団子。「これだけ冷食」と萌衣は肉団子をお箸で指す。なんにもできないとまったくもてない時代になるという、母の声が理名の耳によみがえる。

「わかった、私もがんばる！」理名が言うと、

「私もやってみようかな」ⓒ玲佳もぽつりと言う。

お弁当作りは面倒くさいけれど、理名は昼休みが俄然（がぜん）たのしくなってきた。理名と玲佳と萌衣、ずっといっしょにお弁当を食べている三人で、自作弁当を見せ合うのだ。

弁当歴がそろそろ一年になる萌衣は、さすがに彩（いろど）りも栄養も[illegible]弁当だ。理名といっしょにお弁当作りをはじめた玲佳はぶっとんでいて、

ジャーにスープとごはんを入れた「リゾット弁当」やごはんにコロッケとたくあんだけをのせた「コロッケ丼」を作ってくる。彩りも栄養も偏りも無視した、でもなんだか肝が据(す)わった感じのお弁当に、理名はすっかり感銘を受けている。

二人からアイディアをもらい、理名は、冷食の焼売(シュウマイ)を使った中華弁当を彩りよく作ってみたり、前日のおかずの肉団子と野沢菜と炒(い)り卵をごはんでⓓツツんだ巨大おにぎらずを作ってみたりしている。三人で机をⓔカコみ、いっせーの、せ！でお弁当を広げる。歓声が上がり、感嘆のため息が漏れ、「納豆丼なんてなしかな」「においがね」「納豆オムレツならいいんじゃない？」などと、アイディアを出し合いながら自作弁当を食べる。お昼休みが前よりだんぜんたのしくなった。

夕食後、残ったカレーを小鍋に取り分けている理名に気づいた母が、

「それ、どうするの？　朝ごはん？」と訊(き)く。

「ジャーに入れてカレー弁当にする」と答えると、

「へええ、斬新ね」と目を丸くしている。

「玲佳って友だちがいるんだけど、おとなしいのに、おっかしなお弁当持ってくるんだよね。ⓕ今日なんかつけ麺だよ。スープをジャーに入れてお弁当箱に麺と葱(ねぎ)とチャーシュー詰めて」

「ええっ、そんなのあり？」（中略）

「今はほら、なんでもありの時代だから」理名は母親の言葉をまねて言う。「今度ママにも作ってあげるよ。私の巨大おにぎらず、インパクトあって、玲佳と萌衣に褒められた」

「う、うん、ありがとう」母は言い、テレビの前に向かう。

働いて家事をして、夫とは離ればなれで、唯一のたのしみは韓国ドラマらしい母親にも、自分と同じような高校時代があったのかと思うと、理名は不思議な気持ちになる。そうしてふと、自分もいつか母親くらい年をとるのだと気づく。年齢を重ねていくにつれて、仲良し三人でキャーキャー騒ぎながらお弁当を食べている今の時間が、泣きそうなくらいなつかしいものになるだろうと確信するように思う。だとしたら、この先ずっと、私も玲佳も萌衣も、ぜったいに忘れられないようなお弁当を作ってやると、理名は奇妙な意欲に燃える。あーあ、ますます忙しくなっちゃう。理名はつぶやき、夕食後の食器を洗いはじめる。

（出典　角田光代(かくたみつよ)『ゆうべの食卓』）

（注）　フルタイム――就業場所における勤務時間の始まりから終わりまで働くこと。
冷食――「冷凍食品」の略。
俄然――急に。突然。
ジャー――飲み物やご飯などを入れる保温容器。
おにぎらず――おにぎりのようには握らず、ご飯と具材をのりやラップで平らにくるんだ状態のもの。

(1) ――の部分ⓓ、ⓔを漢字に直して楷書で書きなさい。

(2) 「ⓐ居心地の悪い思い」とありますが、「理名」が居心地の悪い思いをした理由を説明した次の文の［X］、［Y］に入れるのに適当なことばを、［X］は二字で文章中から抜き出して書き、［Y］は十五字以内で書きなさい。

理名自身が母に対する［X］の気持ちを表に出せないだけでなく、忙しさを言い訳にしたり意見されることを面倒くさいと感じたりして［Y］という自覚がある中で、ほぼ一方的に母から「お弁当やめる」と宣言されてしまったから。

(3) 「ⓑマジか」とありますが、このようにつぶやいた時の「理名」の心情を説明したものとして最も適当なのは、**ア**～**エ**のうちではどれですか。一つ答えなさい。

ア お弁当が無いことや遅刻しそうなことを忘れるほど、昨夜の母のそっけない態度を心配している。
イ 母が自分を起こしてくれなかったために寝坊したが、母と顔を合わせなかったことを喜んでいる。
ウ まだ学校に行く準備をしていないのに、家を出る時間が迫っていることに気づいてあせっている。
エ 母はすでに出かけている上に、お弁当どころか昼食に使えそうな食べ物も無いことに驚いている。

(4) 「ⓒ玲佳もぽつりと言う」とありますが、この部分で使われている表現技法は、**ア**～**エ**のうちではどれですか。一つ答えなさい。

ア 体言止め
イ 擬態語
ウ 倒置
エ 擬人法

(5) 「ⓕ今日なんかつけ麺だよ」とありますが、「理名」が母にこのような発言をした意図とそれまでの経緯を説明した次の文章の［X］、［Y］に入れるのに適当なことばを、それぞれ二十字以内で書きなさい。

母から「お弁当やめる」と宣言されてしまったが、今では昼休みに［X］ことが楽しくなった。そのような時、母から「斬新ね」と言われたことに対して、今までのように面倒くさがることなく［Y］を母に紹介した。

(6) この文章の表現の特徴について説明したものとして最も適当なのは、**ア**～**エ**のうちではどれですか。一つ答えなさい。

ア 「あらためて萌衣の弁当を見る」という表現は、母がお弁当を作ってくれなくなったことから自分でお弁当を作ろうと決心し、萌衣のお弁当を参考にしようとする理名の熱意を印象づけている。

イ 「納豆丼なんてなしかな」「においがね」「納豆オムレツならいいんじゃない?」という表現は、理名たちが普段から必要最低限の会話しか交わしていないという、複雑な人間関係を強調している。

ウ 「今度ママにも作ってあげるよ」という表現は、これまで色々なことを母任せにしていた理名が、お弁当作りをきっかけに自分から料理作りを申し出るという、成長した様子を印象づけている。

エ 「理名は奇妙な意欲に燃える」という表現は、母との会話をきっかけにお弁当のおかずのヒントを得たことを喜び、友だちとの思い出になるようなお弁当を作ろうとする理名の決意を強調している。

2 次の文章は、老子のことばの【書き下し文】と【現代語訳】および【解説】です。これを読んで、(1)~(4)に答えなさい。

【書き下し文】

上善は水の若し。水は善く万物を利して而も争わず。衆人の悪む所に処る。故に道に幾し。（中略）夫れ唯だ争わず、故に尤め無し。

【現代語訳】

すばらしく善いありかたとは、たとえば水のような（自然の法則にしたがった）ありかたである。水はあらゆる生きものに恵みをほどこしながら、しかも（みずからは勝ちをもとめて）争うことがない。たれもがイヤがる（低い）ところにとどまる。だからこそ自然の法則（にしたがったありかた）に近いのだ。（中略）そもそも（勝ちをもとめて）争うことがなければ、まちがいをしでかすこともない。

【解説】

水は先を争うことなく、高いほうから低いほうへと流れてゆく。その低いところが「ⓐ利」のない、ひとのイヤがるところであろうとも、水はイヤがらずに流れてゆく。そういう水のような「ⓑ」という生きかたをしていれば「尤め無し」だと老子は結論づける。なにしろ争わないのだから、けっしてとがめられることはない――こんなふうに割りきると、ともすれば「事勿れ主義」のようにとられかねない。

ⓒ水は自然の法則にしたがって存在することの象徴である。水は自然の法則にしたがいながら流れてゆくのみであるから、いちいち先を争わず、わざわざ場所をえらばない。とはいえ争わないありかたを主体的にもとめているわけではない。水はすすんで、みずから欲して、そうしているのではない。水はただ自然の法則にしたがって流れたり、よどんだり、たまったりしているだけである。

蛇口をひねれば水がでてくる現代の生活とちがい、老子のころのひとにとって「水の若し」といえば、まずは川の流れがイメージされただろう。孔子は「ゆく者は斯くの如きか。昼夜を舎かず」（『論語』子罕）という。流れてゆくよ、昼となく、夜となく、と。孔子は川の流れにおいて不断かつ不可逆的なありかたをみている。

老子が川の流れになぞらえているのは、けっして逆らわず、文句もいわずに低いほうへゆくという、われこそはといった積極性とはとことん無縁なありかたである。おなじ水をみてもⓓ孔子と老子とではずいぶん見方がちがう。

（出典　山田史生『哲学として読む老子　全訳』）

（注）　たれ――誰。

事勿れ主義――やっかいな問題が起こらず、ただ平穏無事にすめばよいと望む消極的な態度や考え。

(1) 「ⓐ利」とありますが、ここでの意味を【現代語訳】から二字で抜き出して書きなさい。

(2) ⓑ に入れるのに適当なことばを、【書き下し文】から三字で抜き出して書きなさい。

用　紙

※

※70点満点
（配点非公表）

（答）およそ　　　人

5

(1)	*h* A ℓ
(2)	
(3)	（°）
(4)	（cm）

(1) 下線部(あ)について、点Aから直線ℓへ下ろした垂線hを、点Aを中心として時計回りに30° だけ回転移動させた直線をnとします。この直線nを定規とコンパスを使って作図しなさい。作図に使った線は残しておきなさい。

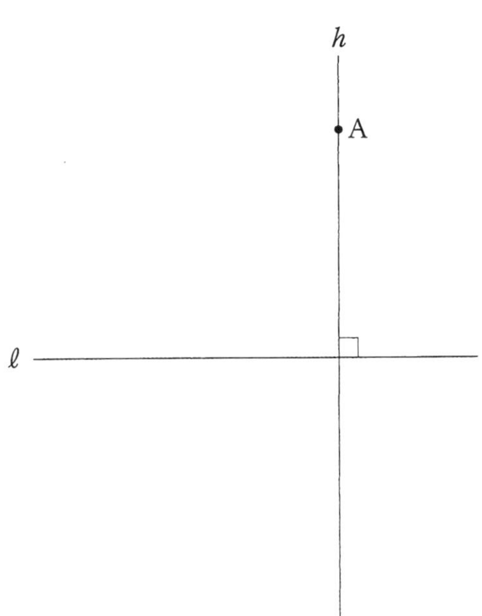

(2) 下線部(い)について、△AHD ≡ △AIE を証明しなさい。

(3) 下線部(う)について、∠AIG の大きさを求めなさい。

(4) この**【問題】**において、点Aと直線ℓとの距離が6 cm、点Aと直線mとの距離が9 cmのとき、正三角形ABCの1辺の長さを求めなさい。

5 太郎さんと花子さんは、次の【問題】を考えています。(1)～(4)に答えなさい。

> 【問題】
> 右の図のように、平行な2直線ℓ、mと点Aがある。二つの頂点B、Cがそれぞれ直線ℓ、m上にあるような正三角形ABCを作図しなさい。
>
> A
>
> ℓ ――――――
>
> m ――――――

花子：先生から条件の一つを外して考えてみたらと言われたよ。「頂点Cが直線m上にある」という条件を外して考えてみようよ。

太郎：そうだね。一つの頂点が直線ℓ上にある正三角形ADEや正三角形AFGをかいたよ。

花子：私は、(あ)<u>30°の角の作図を使って、二つの頂点が直線ℓ上にある正三角形AHIをかいた</u>よ。

太郎：あれっ？3点E、I、Gは一直線上にありそうだね。

花子：(い)<u>△AHDと△AIEは合同</u>、△AFHと△AGIも合同だから、∠AIEと(う)<u>∠AIGの大きさが決まる</u>ね。このことから、3点E、I、Gは一直線上にあるといえるね。

太郎：この直線と直線mの交点をCとして、線分ACを1辺とする正三角形をかくと、直線ℓ上に頂点がある正三角形がかけるね。この頂点がBだね。

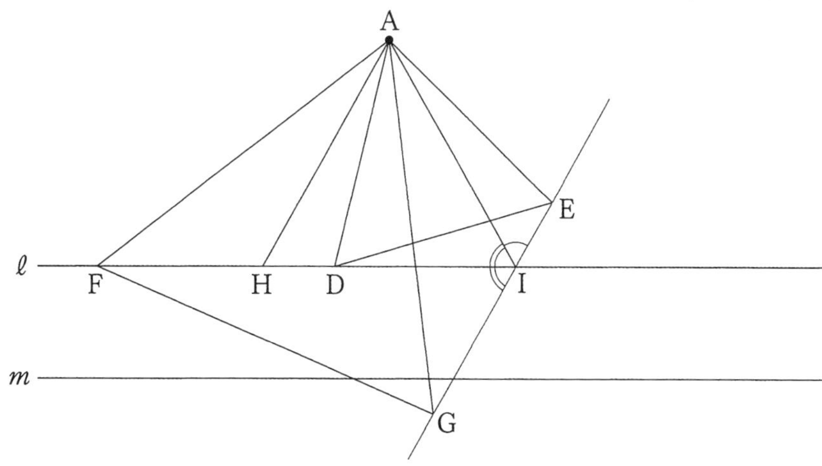

(1)　yがxの関数であるものは、**ア**〜**エ**のうちではどれですか。当てはまるものをすべて答えなさい。

ア　毎分 x m の速さで 10 km の道のりを走るときにかかる時間 y 分
イ　周の長さが x cm の長方形の面積 y cm^2
ウ　1500 円を出して、1 個 x 円の品物を 10 個買ったときのおつり y 円
エ　半径が x cm の円の面積 y cm^2

(2)　脈拍が 15 回を数えるまでにかかった時間を x 秒、1 分間の脈拍を y 回とします。①、②に答えなさい。

①　xとyの関係を表したグラフとして最も適当なのは、**ア**〜**エ**のうちではどれですか。一つ答えなさい。ただし、原点をOとします。

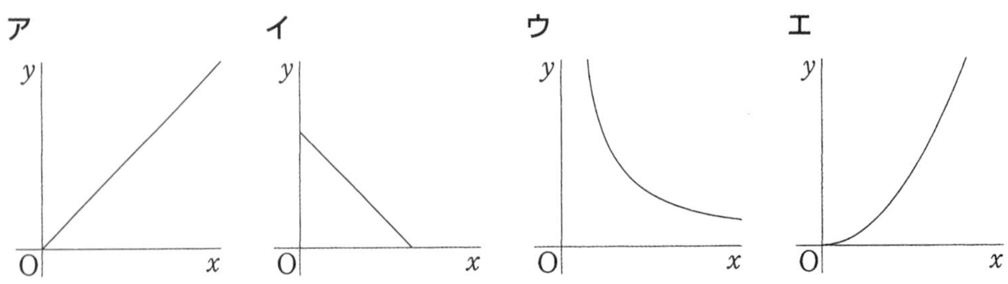

②　次の［　　］に適当な数を書きなさい。

> xの変域が［　　］$\leqq x \leqq 15$ のとき、yの変域は $60 \leqq y \leqq 100$ である。

(3)　脈拍を 20 回数えて測定するナースウォッチについて、文字盤の 3 の内側にある数字を答えなさい。ただし、脈拍の測り方は次のとおりとします。

> 1. 秒針が文字盤の 6、もしくは、12 を指したところから脈拍を 20 回数える。
> 2. 脈拍が 20 回を数えたときに、秒針が指した文字盤の内側の数字が 1 分間の脈拍となる。

4　太郎さんは、看護師等が使う「ナースウォッチ」とよばれる脈拍測定機能付きの時計について調べました。(1)～(3) に答えなさい。

<太郎さんが調べたこと>

ナースウォッチは、関数の関係を利用して、1分間の脈拍をより短い時間で測定することができる時計です。

ナースウォッチには、文字盤の内側に数字があり、その数字を読み取ることで脈拍の測定ができます。

図

[ナースウォッチを使った脈拍の測り方]

1. 秒針が文字盤の6、もしくは、12を指したところから脈拍を15回数える。
2. 脈拍が15回を数えたときに、秒針が指した文字盤の内側の数字が1分間の脈拍となる。

図は、秒針が文字盤の12を指したところから脈拍が15回を数えたときの秒針の位置を表しています。この図では、秒針が文字盤の2、内側の数字は90を指しているので、脈拍が15回を数えるまでにかかった時間は10秒、1分間の脈拍は90回と測定します。

一般成人の1分間の脈拍は、安静時60～100回が正常の目安です。

また、ナースウォッチには、脈拍を20回数えて測定するものもあり、脈拍を15回数えて測定するものとは文字盤の内側の数字が異なります。

(2)　下線部のことがらを次のように整理したとき、[(あ)]、[(い)] に当てはまることばの組み合わせとして最も適当なのは、**ア**～**エ**のうちではどれですか。一つ答えなさい。

> 2より大きい素数は [(あ)] だから、6以上の自然数 n について、
> $n-1$ と $n+1$ がどちらも素数の場合、n は [(い)] になる。

ア　(あ)　偶数　(い)　偶数　　　**イ**　(あ)　偶数　(い)　奇数
ウ　(あ)　奇数　(い)　偶数　　　**エ**　(あ)　奇数　(い)　奇数

(3)　連続する三つの自然数 a、$a+1$、$a+2$ について、a を3で割ったときの商を b、余りを1とします。①、②に答えなさい。

①　a、b の関係を正しく表しているのは、**ア**～**エ**のうちではどれですか。当てはまるものをすべて答えなさい。

ア　$a+1=3b$　　**イ**　$a-3b=1$　　**ウ**　$a<3b+1$　　**エ**　$a>3b$

②　$a+2$ を3で割ったときの余りを求めなさい。

(4)　31より大きい2桁の自然数のうち、その自然数より1小さい数と1大きい数がどちらも素数であるものを一つ答えなさい。

用　紙

※70点満点
（配点非公表）

3

4

(1)	
(2)	
(3)	
(4)	
(5)	

5

(1)①	
(1)②	
(2)	
(3)	
(4)	
(5)	
(6)	

3

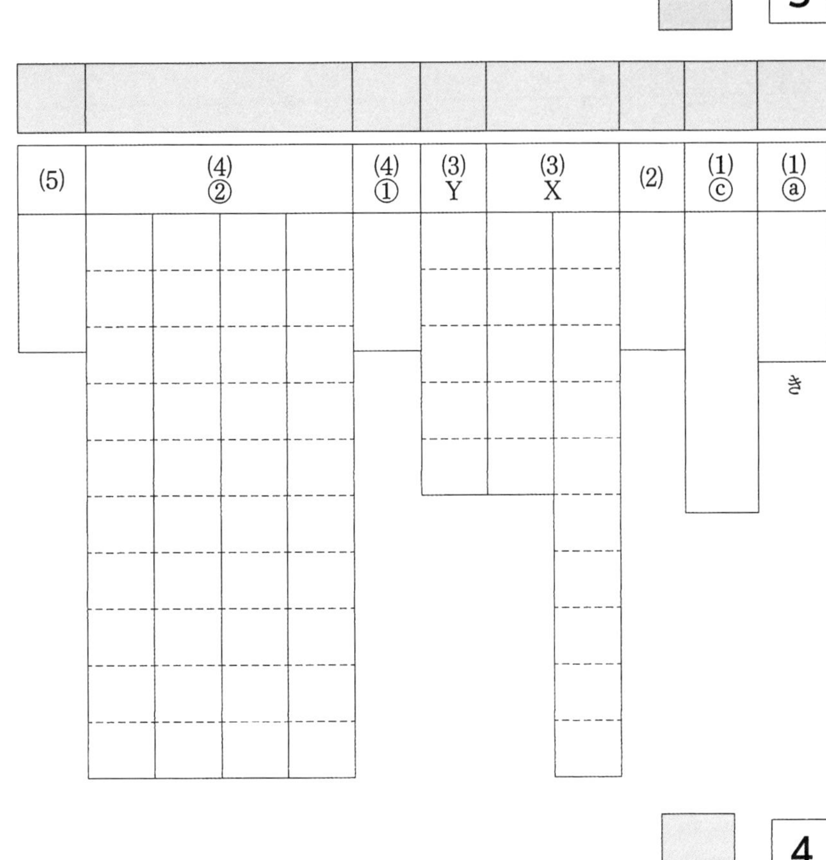

(5)	(4) ②	(4) ①	(3) Y	(3) X	(2)	(1) ⓒ	(1) ⓐ
							き

4

(4)	(3)	(2)	(1)
80			

(2) 【資料Ⅱ】から読み取れることとして、健司さんの発言の内容が論理的なものとなるために、[Y]に当てはまるものとして最も適当なのは、**ア**～**エ**のうちではどれですか。一つ答えなさい。

ア 食品卸売業では、食品ロスの発生量の割合より、その他の食品廃棄物の発生量の割合が高い

イ すべての発生場所で、食品廃棄物に占める食品ロスの発生量の割合は二分の一以上である

ウ 食品小売業の食品ロスの発生量が、食品ロス全体の発生量の約半分の割合を占めている

エ 食品小売業や外食産業の食品ロス発生量の割合は、食品製造業の食品ロス発生量の割合より高い

(3) 【話し合い】の特徴を説明したものとして最も適当なのは、**ア**～**エ**のうちではどれですか。一つ答えなさい。

ア 康太さんは、話し合いが活発になるように、議論の最初に話し合いの目的や手順を示している。

イ 理絵さんは、他の人の意見に反対するときに、資料を用いることで発言の正当性を高めている。

ウ 友子さんは、前の人の発言内容を受けて、着眼点の誤りや発言の不十分な点を指摘している。

エ 健司さんは、発言の根拠として、資料の内容よりも自分が実際に体験したことを重視している。

(4) 「夕食で……食べる」とありますが、これ以外にも「消費者として食品ロスを解決するための提案」を発表することになりました。これについて、康太さんたちが班で話し合った内容を踏まえて、あなたの考えを**条件**に従って八十字以上百字以内で書きなさい。

条件
1 二文で書き、一文目に、「どの発生場所に着目するか」を、【資料Ⅱ】の内容を根拠とした理由とともに書くこと。ただし、理由を書く際に「最も多い」もしくは「最も高い」という表現を使うこと。
2 二文目に、一文目で着目した発生場所において、【資料Ⅲ】の発生要因を解消するための「具体的な行動」を提案として書くこと。

※数値を使う場合は、左の(例)を参考にして表記すること。

(例) [約|20|%]　[183|万|t]

【資料Ⅱ】発生場所ごとの食品廃棄物と食品ロスの発生量

単位：万 t

発生場所＼発生量	食品廃棄物	食品ロス
食品製造業	1411	121 (約9%)
食品卸売業	27	16 (約59%)
食品小売業	123	64 (約52%)
外食産業	206	127 (約62%)
一般家庭	783	284 (約36%)

※( )内の%は食品廃棄物に占める食品ロスの発生量の割合

【資料Ⅲ】消費者が関係する食品ロスの発生要因

発生場所＼要因	販売側の要因	消費側の要因
食品小売業	賞味・消費期限切れ 販売期限切れ	鮮度志向 買い過ぎ
外食産業	作り過ぎ	急な予約キャンセル 食べ残し
一般家庭		期限切れ 過剰除去 作り過ぎによる食べ残し

(【資料Ⅱ】【資料Ⅲ】は消費者庁『令和2年度版消費者白書』から作成)

4 四人の中学生が「身近な社会生活について考える」という内容の授業で、班のテーマを「日本の食品ロス」に設定して、クラス発表で課題解決の提案をするために【資料Ⅰ】～【資料Ⅲ】をもとに話し合いをしました。次の【話し合い】を読んで、(1)～(4)に答えなさい。

【話し合い】

康太　そもそも「食品廃棄物」と「食品ロス」って何が違うのかな。

理絵　【資料Ⅰ】によると、「食品廃棄物」は廃棄される食品全般を指し、「食品ロス」は食品廃棄物の中でも、「本来食べられるにもかかわらず捨てられる食品」を指すみたいだよ。だから［X］は「食品ロス」ではないということだね。

康太　社会問題になるくらい、食べ物がたくさん捨てられているってこと？

理絵　食品が作られてから私たちが食べるまでの間に、様々な場所で捨てられているみたいよ。どの発生場所の食品ロスが多いかは【資料Ⅱ】の数字が大きい所に注目してみたらわかるね。

康太　一番大きい数字は、「食品製造業」の「1411万t」だね。

友子　それは「食品廃棄物」全体の数字だよ。食品ロスの発生量や、食品廃棄物に占める割合といった、「食品ロス」に関する数字に注目しようよ。

健司　「食品ロス」の数字に注目すると、食品卸売業の食品ロスの発生量は16万tと他の発生場所より少ないけれど、食品廃棄物の発生量の半数以上を占めているね。また、割合に注目すると、［Y］ことがわかるね。つまり、スーパーマーケットやレストランを利用する僕たち消費者の行動が食品ロスの問題に影響するんだね。

理絵　【資料Ⅲ】によると、消費者が関係することだけでも様々な要因があることがわかるね。

康太　じゃあ、消費者として食品ロスを解決する方法を提案しようよ。「がんばって残さず食べるように気をつけよう」はどうかな？

友子　「残さず食べる」は大事なことだけれど、「がんばる」や「気をつける」だけでは提案として不十分だよ。【資料Ⅲ】の発生要因を解決するための具体的な行動を提案したいね。

康太　ええと、夕食で残ったおかずを次の日のお弁当に入れて食べる、というのは具体的な提案になるかな？

健司　そうだね、そんなふうにできるだけ具体的な行動を提案したいね。どの発生場所に着目するか、資料の大きな数字を根拠として紹介したら、さらに説得力のある提案になりそうだね。

(1)　［X］に当てはまることばを【資料Ⅰ】から八字で抜き出して書きなさい。

【資料Ⅰ】食品ロスと食品廃棄物の定義

「食品ロス」は、「本来食べられるにもかかわらず捨てられる食品」と定義されます。

「食品廃棄物」とは、「食品の製造や調理過程で生じる調理くず」、「食品の流通過程や消費段階で生じる売れ残りや食べ残し」といった廃棄される食品をいいます。食品廃棄物には、食品ロスのほか、例えば、魚・肉の骨等の食べられない部分が含まれます。

（消費者庁『令和２年度版消費者白書』及び国税庁酒税課「食品リサイクル法の概要」を参考に作成）

(3) ⓑ「では、実際に……だろうか」とありますが、筆者が紹介した具体例について説明した次の文の X 、 Y に入れるのに適当なことばを、 X は十五字、 Y は五字で、それぞれ文章中から抜き出して書きなさい。

集団で走るときに、マラソン選手が X 走ることが多いのは、 Y を根拠に習得した技術を使っているからである。

(4) ⓓ「『心』と『体』の……はずである」とありますが、これについて、①、②に答えなさい。

① 「技」を育むための「体」の修練と役割についての筆者の考えを説明したものとして最も適当なのは、**ア**～**エ**のうちではどれですか。一つ答えなさい。

ア 法則を見つけるために、競技場だけでなく教室でも心理学や文学といった情報を収集すること。

イ 練習やパフォーマンスを繰り返し行うことを通して、コツをつかむための情報を収集すること。

ウ 練習を繰り返すことでコツを身につけ、各感覚器官を発達させるための情報を収集すること。

エ 場所や時間に関係なくパフォーマンスを繰り返し、肉体派になるための情報を収集すること。

② 「技」を育むことについての筆者の考えを説明した次の文章の ＿＿ に入れるのに適当なことばを、四十字以内で書きなさい。

「技」を修練することで、物事を上手にこなすことが可能となる。そのためには、「体」の修練と役割に加えて、 ＿＿ という「心」の修練と役割が必要である。

(5) この文章の構成と内容の特徴について説明したものとして最も適当なのは、**ア**～**エ**のうちではどれですか。一つ答えなさい。

ア 冒頭の段落で筆者自身の意見は述べずに「心技体」の一般論の説明のみにとどめることで、読者に当事者意識を持たせている。

イ 筆者の意見を述べる前に他の研究者の論を紹介して反対の立場の意見と比較することで、筆者の主張の優れている点を強調している。

ウ 全体を通してカッコ（ ）を使った言い換えの表現で用語について補足することで、最も重要な要素が何かを明確にしている。

エ 一般論に対する意見を述べた後に競技や体験談といった複数の具体例を提示することで、筆者の考察や主張の説得力を補強している。

大学時代、頻繁にスランプに悩まされており、競技成績も低迷していた私は、藁にもすがる思いでとにかく心理学の授業で学んだ思考法を実践してみたのであった。すると、スランプに陥っている原因を冷静に分析でき、なおかつ無駄なく解決策を探ることができるようになったのである。そして、そのおかげで従来よりも早くスランプを脱出することができたり、あるいは、新たな法則（コツ）を発見する契機にも恵まれるようになった。Dもし私がその心理学の講義を履修しておらず、アルゴリズムとヒューリスティックの思考法を知ることがなかったら、私はスランプ地獄から抜け出せずに、ただもがき続けるだけの競技人生を送っていたことだろう。

ちなみに、この心理学の授業で体験した出来事は、ほんの一例にすぎない。私は大学在学中、これと同様の出来事を何度も経験し、技術は練習場だけでなく、教室でも修練可能なものであることを学んだのである。

「心」（知性）の鍛錬で面白いことは、一見、競技に関係のなさそうな知識でも、いつどこでどのように役に立つかわからない、ということだ。たとえば、経済学の知識は競技力に直接関係しないかもしれないが、一方で、競技活動を継続させるうえで必要となる資金の調達方法を考案するきっかけになるかもしれない。あるいは文学を学んでも、筋肉を増強させることはできないだろうが、もしかしたら試合に負けて落ち込んでいる自分の気持ちに寄り添い、再び前へと踏み出すための活力をもたらしてくれるような文学作品との出合いがあるかもしれない。だからあなたもぜひ、どのような種類の知識であれ、貪欲に摂取して「心」（知性）を鍛えてみてほしい。そうしてⓓ「心」と「体」の両方を修練していけば、自然とそのふたつが結び合わさって「技」が育まれていくはずである。

（出典　町田樹『若きアスリートへの手紙――〈競技する身体〉の哲学』）

（注）　中井正一――日本の評論家。日本で初めてスポーツを美学（美の本質を研究する学問）の領域で論じた。
パフォーマンス――演技。
アスリート――運動選手。
スランプ――一時的に調子がくずれ、いつもの能力が発揮できない状態。
藁にもすがる思い――追いつめられたときに、頼りにならないものにも頼ろうとする気持ち。
履修――大学などで授業を選んで学ぶこと。
アルゴリズム、ヒューリスティック――どちらも問題を解決するための考え方や方法。

(1)　――の部分ⓐ、ⓒの漢字の読みを書きなさい。

(2)　══の部分A～Dのうち、品詞が異なるものはどれですか。一つ答えなさい。

3 次の文章は、スポーツ科学研究者である町田樹（まちだたつき）が書いた文章の一部です。これを読んで、(1)～(5)に答えなさい。

よくスポーツの世界では、「心技体」という言葉が用いられる。これはすなわち、「精神力」、「技術」、「体力」の三要素をバランスよく鍛えることの重要性を説いている言葉であるが、実のところ、私はこの三つが同列に語られていることに若干の違和感を感じている。というのも、「技術」は「精神力」と「体力」が結びついた結果として生まれるものだと思うからだ。

[A]おそらくあなたも知っているとおり、心技体の三者関係というのは、往々にして図一のように表わされる。しかし、これではあたかも「心」、「技」、「体」という三つの要素が、それぞれ個別に修練できるものであるかのような印象を受けるのではないだろうか。たしかに、この三要素のうち、「心」と「体」は個別に修練することができるかもしれない。「心」だけ[ⓐ]磨きたければ、[B]あえて頭脳派になればよいし、「体」だけ鍛えたければ肉体派になればよい。だが、「技」に関してだけは、「心」と「体」の両者がそろわなければ絶対に修練することはできない。（中略）

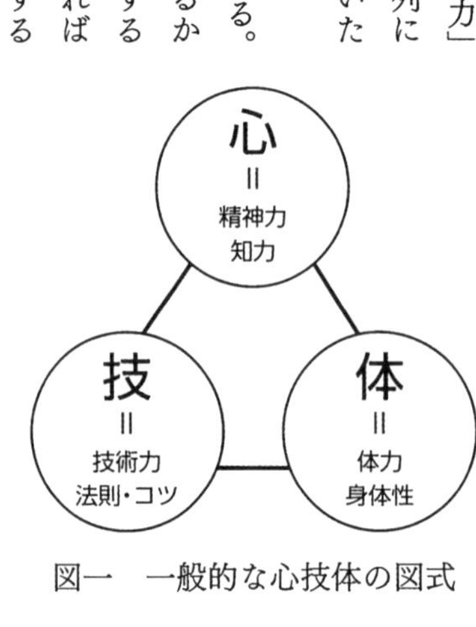

図一　一般的な心技体の図式

中井正一の技術論を引き合いに出そう。中井は、「技」とは「物事を上手にこなすための法則」のようなものであると述べていた。では、この法則（＝コツ）をつかむためには、どうすればよかっただろうか。（中略）

まず法則をつかむためには、実際に何度もパフォーマンスを繰り返し行（おこ）なって、法則につながりそうな情報を収集する必要があったはずだ。当然、パフォーマンスを行なうためには「体」が必要となるし、情報を収集するのも「体」の各感覚器官である。だが、「体」は法則そのものを探り当てることはできない。最終的に収集された情報を分析して法則を導き出すのは、「心」（知性）の役割だからだ。このように「心」と「体」が結びついてはじめて、「技術」は創造されるのである。したがって、「体」だけ鍛えていても、編み出せる技術にはやはりどうしても限度がある。

[ⓑ]では、実際に「心」を鍛えることで、アスリートはどれほど技術を豊かにできるものなのだろうか――。たとえば、マラソンランナーが競技中に繰り広げるライバルとの駆け引きを想像してみよう。マラソン選手は、集団で競争状態にあるとき、その集団の先頭で走ろうとするのではなく、あえて集団のなかに入り、誰かの真後ろに隠れるようにして走ろうとする傾向にある。なぜなら、他者の後ろにぴたりとつく戦術をとることによって、自分の身体にかかる空気抵抗を軽減することができ、より楽に、[C]そして速く走ることが可能となるからだ。

さて、ここであなたに質問があるのだが、このマラソン選手が空気抵抗を減らして楽に速く走るための技術は、マラソンの練習（＝「体」の修練）をするだけで編み出せるものであるだろうか。私は何時間走ったとしても編み出せないと考えている。やはりこの技術（＝法則）は、空気抵抗や抗力に関する科学的知識がないと習得できないだろう。このように知識をつけることでしか発見できない技術もたくさんあるのだ。

私はそのことを大学時代に身をもって学ぶことができた。（中略）

(3) 「水は自然の法則にしたがって存在する」とありますが、【解説】から読み取れる、老子の考える水のようなありかたの例として最も適当なのは、**ア**～**エ**のうちではどれですか。一つ答えなさい。

ア 調べ学習の役割分担で、みんなが難しいと思う課題の担当を頼まれ、自分に与えられた役割だと思い引き受けた。

イ 部活動で自分が主将に選ばれたいと望んでおり、顧問の先生に指名してもらえるように直接お願いをしに行った。

ウ クラスの話し合いで自分の意見とは異なっていたが、自分の立場が悪くならないように多数派の意見に賛同した。

エ 生徒会長として実現したい公約があるので、自分の主張が他の立候補者よりも優れていることを熱心に演説した。

(4) 「孔子と老子とではずいぶん見方がちがう」[ⓓ]とありますが、【解説】を読んだ中学生の真希さんは、孔子の言葉を調べて次の【資料】を見つけ、【解説】と【資料】を読み比べて考えたことを【真希さんのノート】にまとめました。これを読んで、①、②に答えなさい。

【資料】

> 子 川の上(ほとり)に在りて曰(いわ)く、ゆく者は斯くの如きか。昼夜を舎かず。
>
> (意味) 先生は川のほとりで言われた。「過ぎゆくものはすべてこの川の流れと同じなのだろうか。昼も夜も一刻もとどまることがない。」
>
> (説明) 一刻もとどまらない川の流れを眺めながら、孔子はこの流れと同様、人も世も自然も不可逆的に推移する時間とともにあり、みずからもまた刻一刻と老いてゆくことを実感する。
>
> (井波律子『完訳 論語』岩波書店を参考に作成)

【真希さんのノート】

> **老子と孔子の見方の違い**
>
> ・老子は、人の「善いありかた」を水や川の流れにたとえ、孔子は、[X]を川の流れにたとえている。
>
> ・老子は水に、どんな場所や状況にも対応しつつ、自然体でいられる性質を見出(みいだ)し、孔子は川の流れに[Y]性質を見出している。

① [X]に入れるのに最も適当なことばを、【資料】の(説明)から二字で抜き出して書きなさい。

② [Y]に入れるのに最も適当なのは**ア**～**エ**のうちではどれですか。一つ答えなさい。

ア 過ぎゆくことも動くこともない　　**イ** 止まることも戻ることもない

ウ 繰り返すことも変わることもない　　**エ** 間違うことも逆らうこともない

令和６年度学力検査［第Ⅰ期］

数　　学　（45分）

受検上の注意

1　「始めなさい。」の指示があるまで、問題を見てはいけません。

2　解答用紙は、この表紙の裏面です。

3　指示があったら、解答用紙と問題用紙を全部調べなさい。
問題用紙は１ページから10ページにわたって印刷してあります。もし、ページが足りなかったり、やぶれていたり、印刷のわるいところがあったりした場合は、手をあげて監督の先生に言いなさい。そのあと、指示に従って解答用紙に受検番号、志願校名を書き入れてから始めなさい。

4　解答用紙の定められたところに、記号、数、式、ことば、文章などを書き入れて答えるようになっていますから、よく注意して、答えを書くところや書き方をまちがえないようにしなさい。

5　答えが解答欄の外にはみ出したり、アかイかよくわからない記号を書いたりすると、誤答として採点されることがあります。

6　解答用紙に印刷してある □ や □※ には、なにも書いてはいけません。

7　メモなどには、問題用紙の余白を利用しなさい。

8　「やめなさい。」の指示があったら、すぐに書くのをやめ、解答用紙を机の上に広げて置きなさい。問題用紙は持ち帰りなさい。

9　解答用紙は、検査室からいっさい持ち出してはいけません。

受検番号	（算用数字）	志願校	

解

注意　1　答えに$\sqrt{\ }$が含まれるときは、$\sqrt{\ }$をつけたままで答えなさい。
その際、$\sqrt{\ }$の中の数は、できるだけ小さい自然数にしなさい。
2　答えに円周率を使うときは、πを用いなさい。

1

(1)	
(2)	
(3)	
(4)	
(5)	
(6)	
(7)	$a=$
(8)	
(9)	V：W＝　　：
(10)	4点A、B、D、Eは一つの円周上に［　　］。 【理由】

2

3

4

問題は、次のページから始まります。

1 次の(1)～(4)の計算をしなさい。(5)～(10)は指示に従って答えなさい。

(1) $5+(-12)$

(2) $7-8\times(-2)$

(3) $\frac{2}{3}ab\div(-4b)\times 9a$

(4) $(\sqrt{3}-\sqrt{5})^2$

(5) 連立方程式 $\begin{cases} x+5y=11 \\ 3x+2y=-6 \end{cases}$ を解きなさい。

(6) 方程式 $x(x+2)=48$ を解きなさい。

(7) 図のように、関数 $y=ax^2$ のグラフと関数 $y=x-5$ のグラフが2点A、Bで交わっています。点Aの x 座標が -2 であるとき、定数 a の値を求めなさい。ただし、原点をOとします。

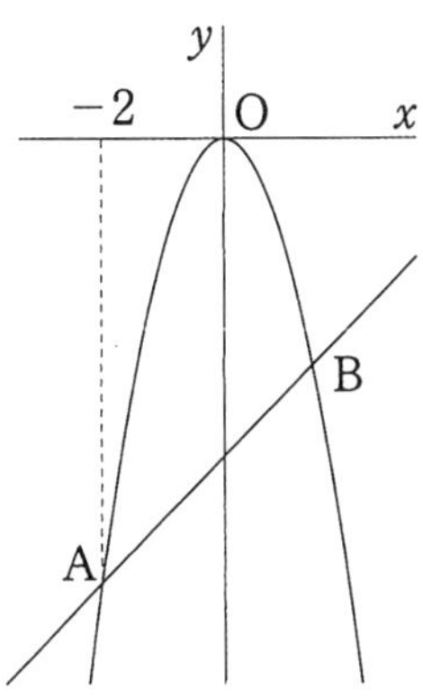

(8)　3 枚の 10 円硬貨を同時に投げるとき、1 枚は表で、2 枚は裏となる確率を求めなさい。ただし、表と裏の出方は同様に確からしいものとします。

(9)　図のような、AB = 4 cm、BC = 3 cm、∠ABC = 90° の△ABC があります。△ABC を直線 AB を軸として 1 回転させてできる立体の体積を V cm^3 とし、△ABC を直線 BC を軸として 1 回転させてできる立体の体積を W cm^3 とするとき、体積の比 V：W を最も簡単な整数の比で表しなさい。

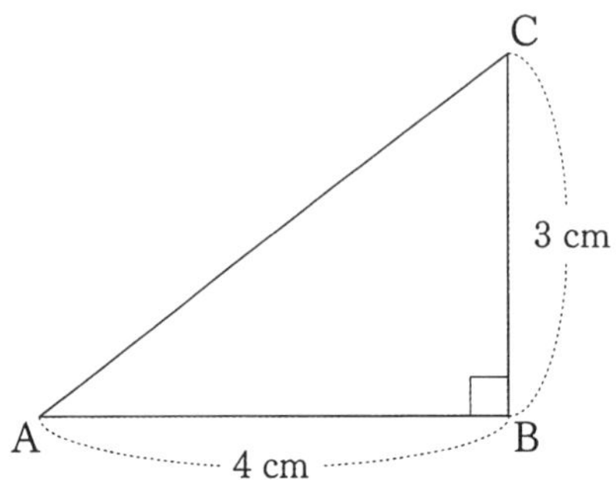

(10)　図のように、平行四辺形 ABCD の紙を対角線 BD で折ったとき、点 C が移動した点を E とします。このとき、4 点 A、B、D、E は一つの円周上にありますか。解答欄の □ に「ある」または「ない」のいずれかを書きなさい。また、そのように判断した理由も答えなさい。

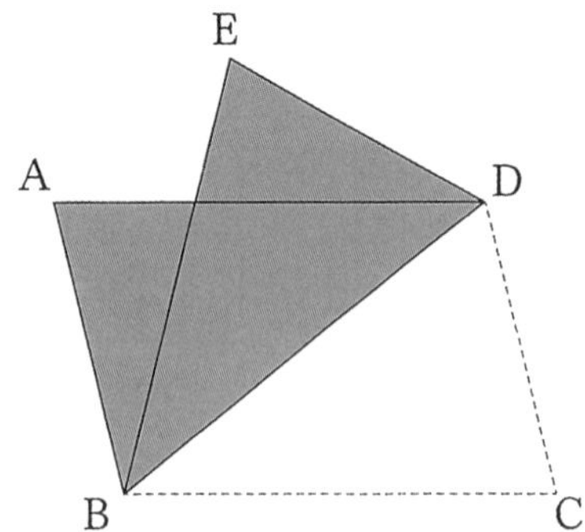

2　太郎さんと花子さんは、通っている中学校で標本調査を行いました。(1)～(3)に答えなさい。

(1) 次の［　　］には、それぞれ全数調査、標本調査のいずれかが入ります。標本調査が入るのは、**ア**～**エ**のうちではどれですか。当てはまるものをすべて答えなさい。

ア　中学校の健康診断は、生徒一人一人の健康状態を知る必要があるため、［　　］で行われる。

イ　食品を出荷する前の品質検査は、検査に使った食品は商品として売ることができないため、［　　］で行われる。

ウ　テレビの視聴率調査は、少ない時間や労力、費用で、目的にあう程度に正確な結果が得られるため、［　　］で行われる。

エ　日本に住んでいるすべての人が調査対象となっている国勢調査は、国内の人口や世帯の実態を明らかにするため、［　　］で行われる。

(2) 太郎さんは、全校生徒300人について、数学の勉強が好きかどうかの調査をするために、全校生徒300人を母集団として、50人を無作為に抽出する標本調査を行いました。①、②に答えなさい。

① 標本の選び方に関して述べた**X**、**Y**、**Z**の文について、内容の正誤を表したものとして最も適当なのは、**ア**～**カ**のうちではどれですか。一つ答えなさい。

X　全校生徒に通し番号をつけ、乱数表を使って50人を選ぶ。
Y　1年生98人全員に通し番号をつけ、くじ引きで50人を選ぶ。
Z　全校生徒にアンケート用紙を配布し、回答をくれた順に50人を選ぶ。

ア　**X**のみ正しい。　**イ**　**Y**のみ正しい。　**ウ**　**Z**のみ正しい。
エ　**X**と**Y**のみ正しい。　**オ**　**X**と**Z**のみ正しい。　**カ**　**Y**と**Z**のみ正しい。

② 調査した50人のうち、数学の勉強が好きと答えた人は28人でした。このとき、全校生徒300人のうち数学の勉強が好きな人はおよそ何人と推定されるかを答えなさい。ただし、解答欄には式も書きなさい。

(3) 花子さんは、3年生107人に対して、平日1日あたりの数学の学習時間を調べ、標本調査から母集団の平均値を推定しようとしています。

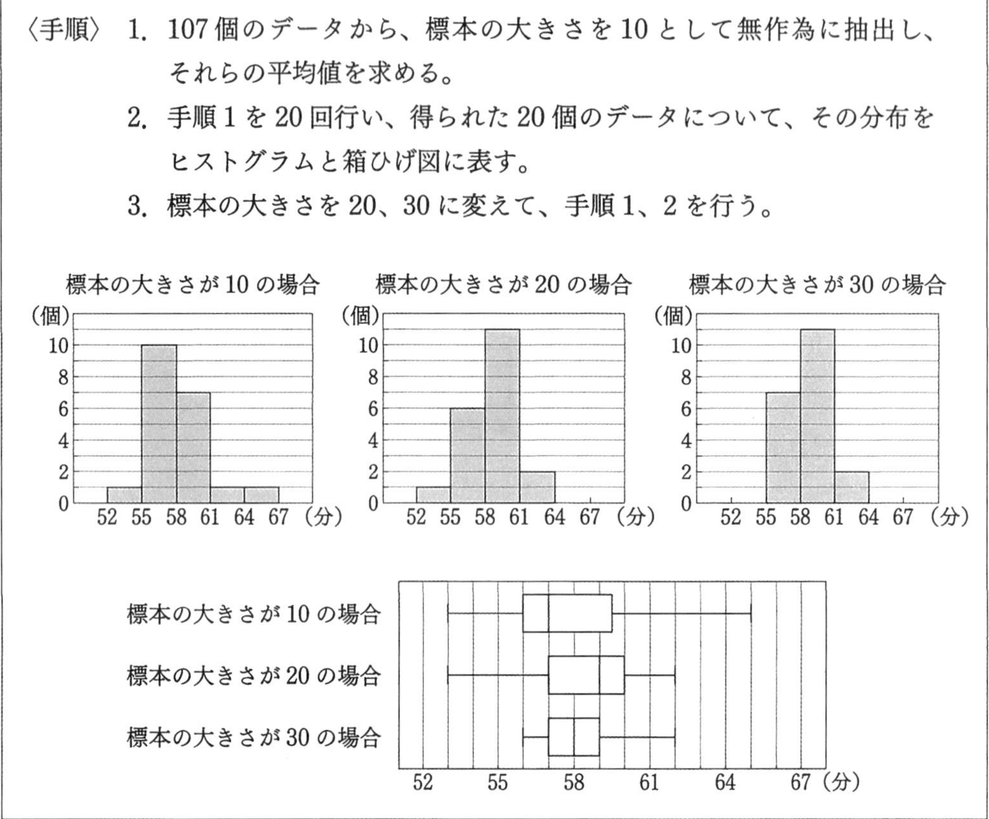

〈手順〉 1. 107個のデータから、標本の大きさを10として無作為に抽出し、それらの平均値を求める。
2. 手順1を20回行い、得られた20個のデータについて、その分布をヒストグラムと箱ひげ図に表す。
3. 標本の大きさを20、30に変えて、手順1、2を行う。
標本の大きさが10の場合
標本の大きさが20の場合
標本の大きさが30の場合
(個)
0 2 4 6 8 10
52 55 58 61 64 67 (分)
標本の大きさが10の場合
標本の大きさが20の場合
標本の大きさが30の場合
52 55 58 61 64 67 (分)

ヒストグラムと箱ひげ図から読み取れることを次のように整理したとき、(あ)、(い)に当てはまることばの組み合わせとして最も適当なのは、**ア**～**エ**のうちではどれですか。一つ答えなさい。

> 標本の大きさが (あ) 方が、標本の平均値の範囲や四分位範囲が (い) 傾向にあり、母集団の平均値を推定しやすくなる。

ア (あ) 大きい (い) 大きくなる　　**イ** (あ) 大きい (い) 小さくなる

ウ (あ) 小さい (い) 大きくなる　　**エ** (あ) 小さい (い) 小さくなる

3 　太郎さんと花子さんは、カレンダーを見て気づいたことを話し合っています。(1)～(4) に答えなさい。

カレンダー

日	月	火	水	木	金	土
1	2	3	4	5	6	7
8	9	10	11	12	13	14
15	16	17	18	19	20	21
22	23	24	25	26	27	28
29	30	31				

太郎：あれっ？カレンダーで 6 の倍数の日の前の日と次の日は素数になっているね。

花子：よく見て。そうなっていない日もあるよ。

太郎：見落としていたよ。でも、6 日以降で前の日と次の日がどちらも素数の場合、それらにはさまれた日は 6 の倍数になっているね。

花子：確かにそうだね。いつでも、そうなっているのかな？

太郎：確かめようよ。まず、<u>2 より大きい素数は [(あ)] だから、前の日と次の日がどちらも素数の場合、それらにはさまれた日は [(い)]</u> になるね。

花子：それから、連続する三つの自然数には、3 の倍数が含まれているよね。3 より大きい素数は 3 の倍数でないから、6 日以降で前の日と次の日がどちらも素数の場合、それらにはさまれた日は 3 の倍数になるね。

太郎：なるほど。6 日以降で前の日と次の日がどちらも素数の場合、それらにはさまれた日は 2 の倍数であって、3 の倍数でもあるから、6 の倍数になるね。

(1) 次のことがらは正しくありません。反例を書きなさい。

> 6 以上 31 以下の自然数 m が 6 の倍数ならば、$m-1$ と $m+1$ はどちらも素数である。

令和６年度学力検査［第Ⅰ期］

英　　語　（45分）

受検上の注意

1　「始めなさい。」の指示があるまで、問題を見てはいけません。

2　解答用紙は、この表紙の裏面です。

3　指示があったら、解答用紙と問題用紙を全部調べなさい。
問題用紙は1ページから10ページにわたって印刷してあります。もし、ページが足りなかったり、やぶれていたり、印刷のわるいところがあったりした場合は、手をあげて監督の先生に言いなさい。そのあと、指示に従って解答用紙に受検番号、志願校名を書き入れてから始めなさい。

4　解答用紙の定められたところに、記号、数、式、ことば、文章などを書き入れて答えるようになっていますから、よく注意して、答えを書くところや書き方をまちがえないようにしなさい。

5　答えが解答欄の外にはみ出したり、アかイかよくわからない記号を書いたりすると、誤答として採点されることがあります。

6　解答用紙に印刷してある□や※□には、なにも書いてはいけません。

7　メモなどには、問題用紙の余白を利用しなさい。

8　「やめなさい。」の指示があったら、すぐに書くのをやめ、解答用紙を机の上に広げて置きなさい。問題用紙は持ち帰りなさい。

9　解答用紙は、検査室からいっさい持ち出してはいけません。

受検番号	（算用数字）	志願校	

解

注意　1　英語で書くところは、活字体、筆記体のどちらで書いてもかまいません。
　　　2　語数が指定されている設問では、「,」や「.」などの符号は語数に含めません。
　　　　また、「I'm」などの短縮形は、１語とします。

1

A(1)	
A(2)	
B(1)	
B(2)	
C(あ)	
C(い)	
C(う)	
D(1)	
D(2)①	
D(2)②	

2

A(1)	
A(2)	
A(3)	
A(4)	
A(5)	
B	

問題は、次のページから始まります。

※教英出版注
音声は，解答集の書籍ＩＤ番号を教英出版ウェブサイトで入力して聴くことができます。

1 この問題は聞き取り検査です。**問題Ａ～問題Ｄ**に答えなさい。すべての問題で英語は２回ずつ読まれます。途中でメモをとってもかまいません。

問題Ａ (1)、(2)のそれぞれの英文で説明されている内容として最も適当なのは、**ア～エ**のうちではどれですか。一つ答えなさい。

(1)

ア

イ

ウ

エ

(2)

ア

Ken の今週の予定

月	
火	
水	
木	
金	
土	野球
日	

イ

Ken の今週の予定

月	
火	
水	
木	
金	バスケットボール
土	バドミントン
日	

ウ

Ken の今週の予定

月	
火	
水	
木	
金	
土	バスケットボール
日	

エ

Ken の今週の予定

月	
火	
水	
木	
金	野球
土	バドミントン
日	

問題B　(1)、(2)のそれぞれの会話の最後の文に対する応答部分でチャイムが鳴ります。そのチャイムの部分に入れるのに最も適当なのは、**ア**～**エ**のうちではどれですか。一つ答えなさい。

(1)
- **ア**　It's delicious.
- **イ**　It's near the station.
- **ウ**　It's already summer.
- **エ**　It's sunny today.

(2)
- **ア**　Yes, she is.　I think she will be happy.
- **イ**　No, you can't.　We should give a gift.
- **ウ**　Why don't we buy some flowers?
- **エ**　How did you get these presents?

問題C　Tomokiが、ホームステイに向けて事前説明会に参加しています。説明を聞いて、Tomokiがまとめたメモの［　(あ)　］～［　(う)　］にそれぞれ適当な英語1語を入れなさい。

［Tomokiのメモ］

When	What
on ［　(あ)　］ 7th	・leave Japan
on my 1st weekend in New Zealand	・go to a party at a ［　(い)　］ ・make a ［　(う)　］ at the party

問題D　NancyとSayakaが、水族館で館内放送を聞いた後に話をしています。館内放送とNancyの発言を聞いて、(1)、(2)に答えなさい。

(1)　館内放送の内容と合っているのは、**ア**～**エ**のうちではどれですか。一つ答えなさい。

- **ア**　この水族館にいる魚の数は、200匹である。
- **イ**　この水族館には、他では見られない魚がいる。
- **ウ**　この水族館では、ペンギンが最も人気である。
- **エ**　この水族館の二階に、迷子センターがある。

(2)　館内放送の後にNancyが発言したことに対して、どのように答えますか。あなたがSayakaになったつもりで、書き出しに続けて、［　①　］、［　②　］に、それぞれ5語以上の英語を書き、英文を完成させなさい。

OK.　First, let's ［　①　］.　Second, we can ［　②　］.

2 問題A、問題Bに答えなさい。

問題A Rikoとクラスメートの Cathy が、姉妹校（sister school）の生徒である Simon、Paul、Leoからの Eメールを見ながら、姉妹校での学校生活などについて話をしています。次は、そのEメールと会話です。(1)～(5)に答えなさい。

Simon からの Eメールの一部

> On weekdays, our school has seven classes. We have a tea break once a day between our second and third classes at school.

Paul からの Eメールの一部

> My favorite event at school is International Day. Many students also like it. Our school has a lot of students from different countries. On that day, we learn about each other's cultures. For example, I (あ)teach some French words two years ago. Leo, one of my friends from Spain, performed a traditional dance from his country for other students last year. We cooked a popular dish from Italy this year.

Leo からの Eメールの一部

> I live in a school dormitory. About fifty students live together in this dormitory. Please look at this photo. I share the same room with these two boys. The boy wearing [(い)] is Paul. The other boy wearing a tie is Simon.
>
> To live in the dormitory, we have many rules. Some of them are strict. For example, we have some rules about the times for dinner and bed.
>
> However, I enjoy living with other students here because I can make good friends. It's interesting to talk with them.

Riko : Three students at our sister school sent e-mails to us about their school lives. I want to have a tea break at our school, like them.

Cathy : Me, too. Oh, please read this e-mail which has a photo. Maybe the students living together can talk a lot at night.

Riko : Really? This student wrote about the strict [(う)] in his dormitory. I think they need to go to bed early.

Cathy : Maybe that's true, but I think they have a good time at the dormitory.

Riko : I see. Well, please read this e-mail from Paul. He wrote about a popular [(え)] at their school. If I were one of the international students at their school, I would like to make *udon* at the [(え)]. I know the recipe and I've made *udon* many times.

Cathy : Wow. I want to make it with you.

〔注〕 dormitory 寮

(1) 下線部(あ)の単語を、最も適当な形に変えて書きなさい。

(2) [(い)] に入れるのに最も適当な英語１語を書きなさい。

(3) [(う)] に入れるのに最も適当な英語１語を、Ｅメールから抜き出して書きなさい。

(4) [(え)] に共通して入れるのに最も適当なのは、**ア**～**エ**のうちではどれですか。一つ答えなさい。

ア event　　**イ** country　　**ウ** photo　　**エ** room

(5) Ｅメールと会話から読み取れる内容として最も適当なのは、**ア**～**エ**のうちではどれですか。一つ答えなさい。

ア Simon's school has a tea break after the third class on weekdays.
イ Last year, Paul's friends danced for other students on the Sports Day.
ウ Leo likes living with other students in his dormitory.
エ Riko does not know how to make *udon*.

問題B　Takuと留学生のDavidが、あるウェブサイトを見ながら、料理教室に行く計画を立てています。次の英文は、二人の会話で、次の**ア**〜**エ**は、二人が見ているウェブサイトの画面です。二人が行くことにした料理教室を示すウェブサイトの画面として最も適当なのは、**ア**〜**エ**のうちではどれですか。一つ答えなさい。

Taku　: Look at this website. I'll be free this weekend, on March 23rd and 24th, so I want to join one of these cooking classes. Do you want to come with me ?

David : Yes. Every class looks interesting, but I'll be busy this Sunday. How about this one ?

Taku　: Oh, sorry. I forgot. My uncle is going to visit me on Saturday morning. I want to see him. So, can we choose the other one ?

David : I see. Then, let's choose this cooking class.

Taku　: OK.

ア

Let's Bake Cookies !

Date & Time
Saturday, March 23rd
9:00 - 11:30

イ

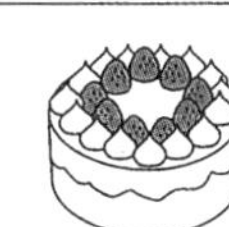

Let's Make a Cake !

Date & Time
Saturday, March 23rd
13:30 - 17:00

ウ

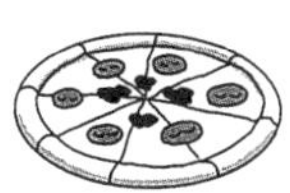

Let's Make a Pizza !

Date & Time
Sunday, March 24th
9:30 - 14:00

エ

Let's Make a Hamburger !

Date & Time
Sunday, March 24th
10:00 - 12:00

問題C　次の英文が２回読まれるのを聞いて、問題用紙の指示に従って答える。

You are going to leave Japan on August seventh. On your first weekend in New Zealand, you are going to go to a party at a restaurant, and you will make a speech at the party. I hope you will enjoy your time in New Zealand.

問題D　次の英文が２回読まれるのを聞いて、問題用紙の指示に従って答える。

A : Welcome to our aquarium. We have more than three hundred kinds of fish here. Some of them are unique, so you can see them only in this aquarium. Now, I'll tell you today's events. You can enjoy a show at eleven a.m. and three p.m. You can watch dolphins at the show. They are the most popular animals in this aquarium. This show takes thirty minutes. At another event, you can watch a video about beautiful fish. You can watch it at one p.m. and four p.m. This video takes twenty minutes. For more information, please come to the entrance hall.

B : Sayaka, let's go to these two events. It's ten o'clock now. We will leave here before two p.m., so what is the best plan for today ? What time will we go to each event ?

令和６年度学力検査［第Ⅰ期］

理　　科　（45分）

受検上の注意

1　「始めなさい。」の指示があるまで、問題を見てはいけません。

2　解答用紙は、この表紙の裏面です。

3　指示があったら、解答用紙と問題用紙を全部調べなさい。
　問題用紙は１ページから11ページにわたって印刷してあります。もし、ページが足りなかったり、やぶれていたり、印刷のわるいところがあったりした場合は、手をあげて監督の先生に言いなさい。そのあと、指示に従って解答用紙に受検番号、志願校名を書き入れてから始めなさい。

4　解答用紙の定められたところに、記号、数、式、ことば、文章などを書き入れて答えるようになっていますから、よく注意して、答えを書くところや書き方をまちがえないようにしなさい。

5　答えが解答欄の外にはみ出したり、アかイかよくわからない記号を書いたりすると、誤答として採点されることがあります。

6　解答用紙に印刷してある［ ］や［※］には、なにも書いてはいけません。

7　メモなどには、問題用紙の余白を利用しなさい。

8　「やめなさい。」の指示があったら、すぐに書くのをやめ、解答用紙を机の上に広げて置きなさい。問題用紙は持ち帰りなさい。

9　解答用紙は、検査室からいっさい持ち出してはいけません。

受検番号	(算用数字)	志願校	

解

1

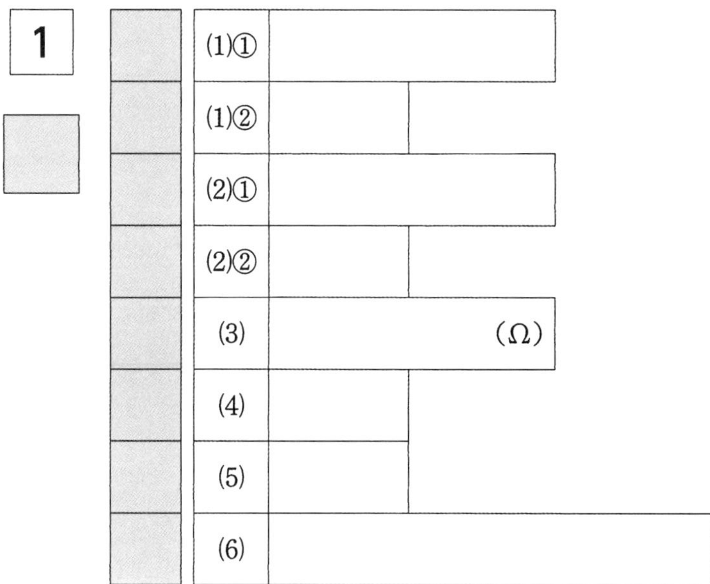

(1)①	
(1)②	
(2)①	
(2)②	
(3)	(Ω)
(4)	
(5)	
(6)	

2

(1)	Ⅰ　Ⅱ　Ⅲ
(2)	
(3)	
(4)	
(5)①	
(5)②	選択
	理由

3

問題は、次のページから始まります。

1 次の(1)～(6)に答えなさい。

(1) ヒトのからだに関して、①、②に答えなさい。

① 次の文の［　　］に共通して当てはまる適当な語を書きなさい。

> 形やはたらきが同じ細胞が集まって［　　］をつくり、さらにいくつかの種類の［　　］が集まって、特定のはたらきをもつ器官をつくっている。

② 机の上にあるコップを目で見て確認し、手で持ち上げました。このとき、目で受けとった刺激が信号として伝わり、筋肉で反応を起こすまでの経路を表すものとして最も適当なのは、**ア**～**エ**のうちではどれですか。一つ答えなさい。

ア 目 → 運動神経 → せきずい → 脳 → 感覚神経 → 筋肉
イ 目 → 感覚神経 → せきずい → 脳 → 運動神経 → 筋肉
ウ 目 → 運動神経 → 脳 → せきずい → 感覚神経 → 筋肉
エ 目 → 感覚神経 → 脳 → せきずい → 運動神経 → 筋肉

(2) 図1は、太陽の周りを公転している地球と星座の位置関係を模式的に表したものです。①、②に答えなさい。

① 地球の公転にともない、太陽は星座の間を動いているように見えます。このような太陽の見かけの通り道を何といいますか。

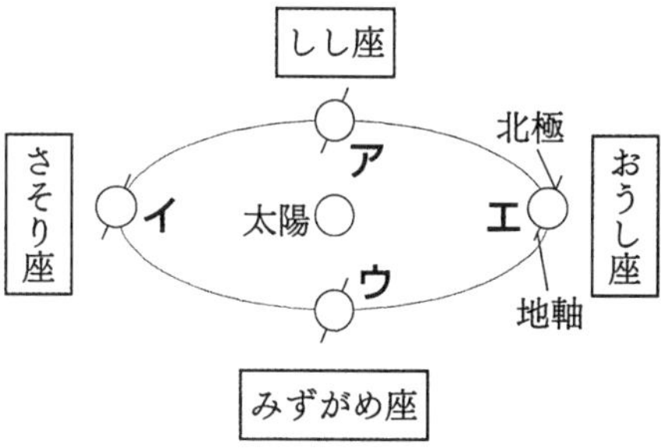

しし座
北極
ア
さそり座
イ
太陽
エ
おうし座
ウ
地軸
みずがめ座

図1

② 真夜中ごろに岡山県から空を見たとき、南の空にさそり座が見える地球の位置として最も適当なのは、図1の**ア**～**エ**のうちではどれですか。一つ答えなさい。

(3) 図2は、10Vの直流電源と抵抗器Ⅰ～Ⅲをつないだ回路図です。抵抗器Ⅲの抵抗は5Ωで、抵抗器Ⅱには0.3A、抵抗器Ⅲには0.8Aの電流が流れています。抵抗器Ⅰの抵抗は何Ωですか。

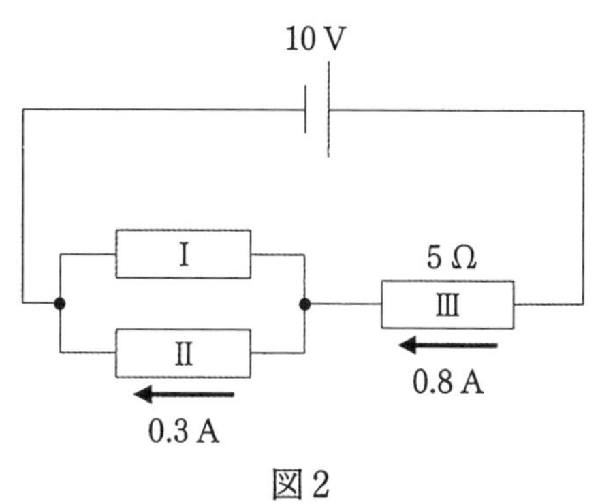

図2

(4) 水を入れた水槽に体積が等しい2個の立方体AとBを入れました。2個の立方体が図3のような位置にあるときに、それぞれの立方体にはたらく浮力の大きさの関係を示したものとして適当なのは、**ア〜ウ**のうちのどれですか。一つ答えなさい。

ア 立方体Aにはたらく浮力は、立方体Bにはたらく浮力よりも大きい。

イ 立方体Aにはたらく浮力は、立方体Bにはたらく浮力よりも小さい。

ウ 立方体Aにはたらく浮力と立方体Bにはたらく浮力の大きさは等しい。

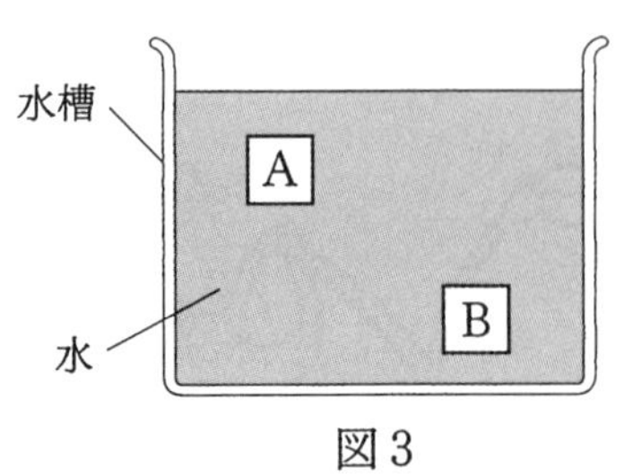

図3

(5) 表は、4種類の金属**ア〜エ**の密度を示しています。ある金属の質量を測定したところ、67.5 gでした。また、水 50 cm^3 を入れたメスシリンダーに、この金属を静かに入れたところ、水の液面は図4のようになりました。この金属は、表の**ア〜エ**のうちではどれですか。一つ答えなさい。ただし、温度による密度の変化は考えないものとし、水の密度は 1.0 g/cm^3 とします。

表

金属	密度〔g/cm^3〕
ア	2.70
イ	7.15
ウ	7.87
エ	8.96

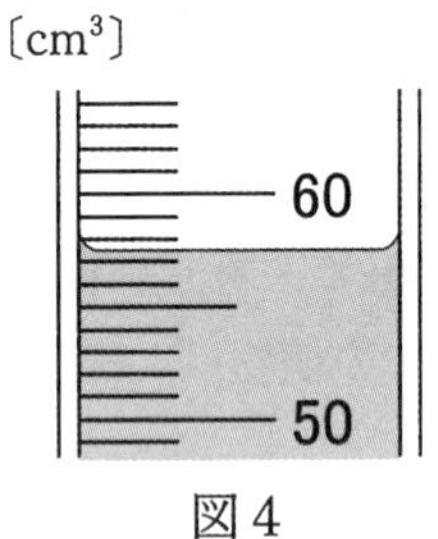

図4

(6) アンモニアを集めてゴム栓をした試験管を、図5のように水が入った水槽に入れました。水中でゴム栓を取り外したところ、図6のようになりました。このことから、アンモニアにはどのような性質があるといえますか。簡潔に答えなさい。

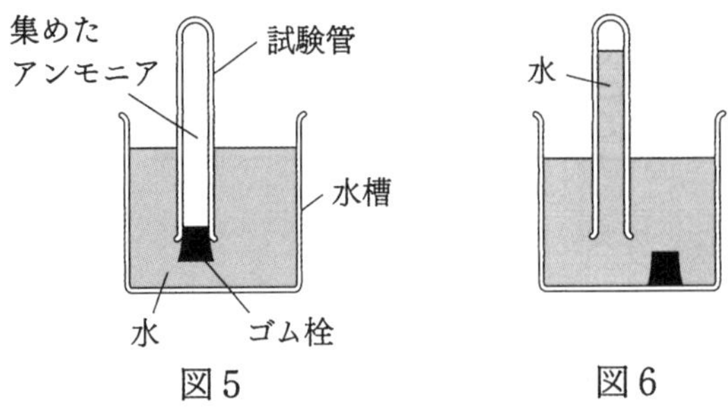

図5　図6

2 花子さんは、ある植物Xを観察して観察記録をかき、図を使って分類を行いました。(1)～(5)に答えなさい。

植物Xの観察記録

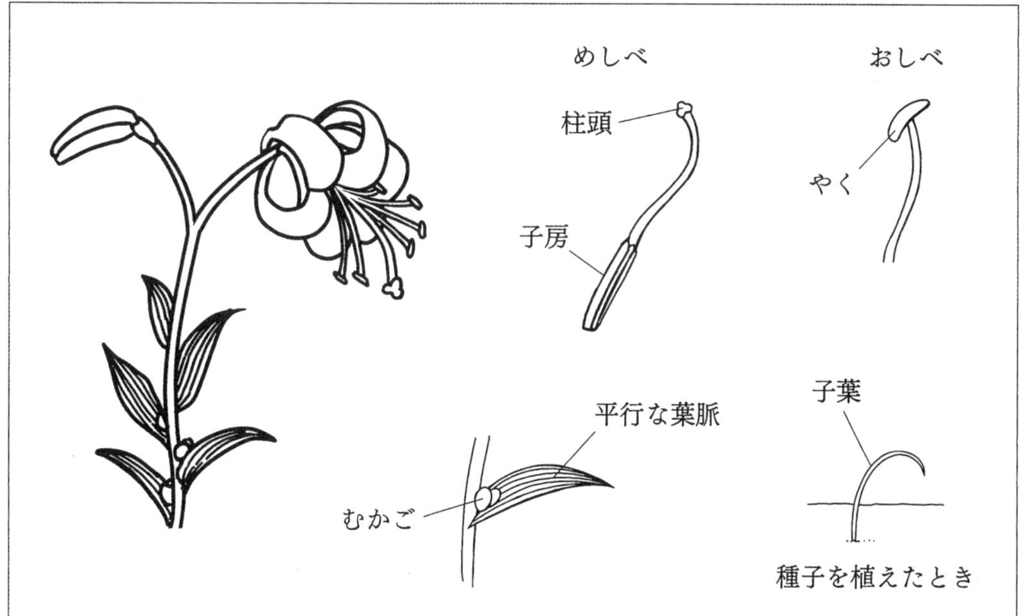

茎と葉の間には、むかごができていた。むかごは、体細胞分裂によってつくられる。種子を植えると子葉が出て、新しい個体ができるが、むかごを植えても芽が出て、新しい個体ができる。この植物は、種子によって子をつくる場合と、むかごによって子をつくる場合がある。

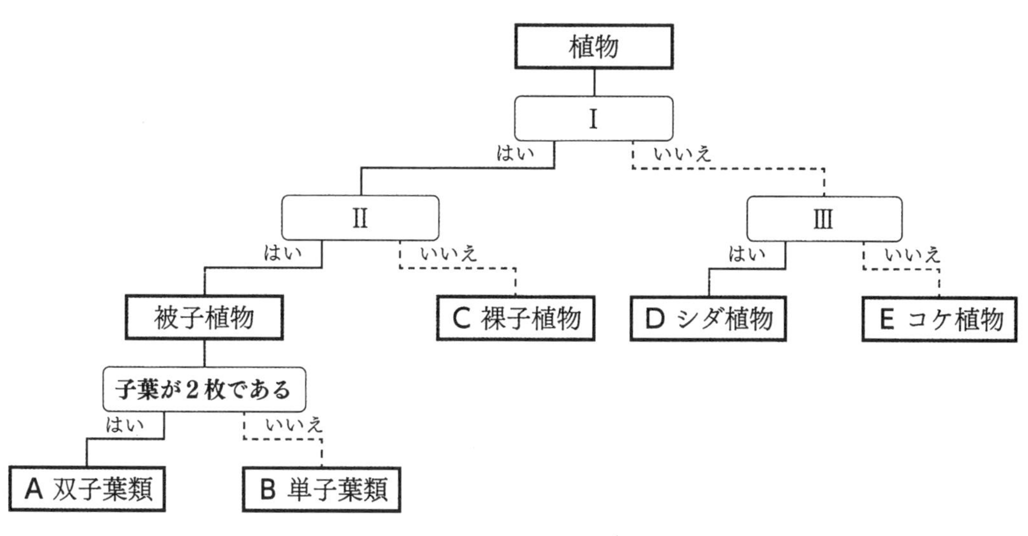

図

(1) 図のⅠ～Ⅲに入る特徴として最も適当なのは、**ア～カ**のうちではどれですか。それぞれ一つ答えなさい。

ア 胞子をつくる　　**イ** 種子をつくる

ウ 葉・茎・根の区別がある　　**エ** 葉・茎・根の区別がない

オ 胚珠が子房におおわれている　　**カ** 胚珠がむき出しになっている

(2) 植物Xの分類として最も適当なのは、図の**A～E**のうちではどれですか。一つ答えなさい。

(3) 植物Xと同じ分類の植物は、**ア～カ**のうちではどれですか。すべて答えなさい。

ア イネ　　**イ** イヌワラビ　　**ウ** アサガオ

エ トウモロコシ　　**オ** ゼニゴケ　　**カ** マツ

(4) むかごから新しい個体をつくる生殖のような、生殖細胞の受精によらない生殖を何といいますか。

(5) 植物Xのある対立形質について、顕性形質の遺伝子を「R」、潜性形質の遺伝子を「r」とします。遺伝子の組み合わせが「Rr」の個体に現れる形質が顕性形質であるとき、この遺伝子の伝わり方と形質について、①、②に答えなさい。

① 遺伝子の組み合わせが「Rr」の個体どうしをかけ合わせて（交配して）できた種子から生じる個体の遺伝子の組み合わせとして可能性のあるものを、Rとrを使ってすべて答えなさい。

② 遺伝子の組み合わせが「Rr」の個体を親として、むかごのみで子をふやした場合、子に現れる形質とその割合を表したものとして最も適当なのは、**ア～オ**のうちではどれですか。一つ答えなさい。また、現れる形質と割合がそのようになる理由を、親から受け継がれる遺伝子の組み合わせにふれながら説明しなさい。

ア すべて顕性

イ 顕性と潜性が3：1

ウ 顕性と潜性が1：1

エ 顕性と潜性が1：3

オ すべて潜性

3 太郎さんは、中和の様子を調べるための実験を行い、レポートを作成しました。(1)～(7)に答えなさい。

太郎さんのレポートの一部

酸とアルカリを混ぜ合わせたときの変化

【目的】 硫酸と水酸化バリウム水溶液の中和について考察する。

【操作】 1 図のように、同じ濃度の水酸化バリウム水溶液 60 cm^3 を入れたビーカーA～Eそれぞれに、うすい硫酸を 10 cm^3、20 cm^3、30 cm^3、40 cm^3、50 cm^3 ずつ加え、各ビーカー内に白い沈殿が生じることを確認する。

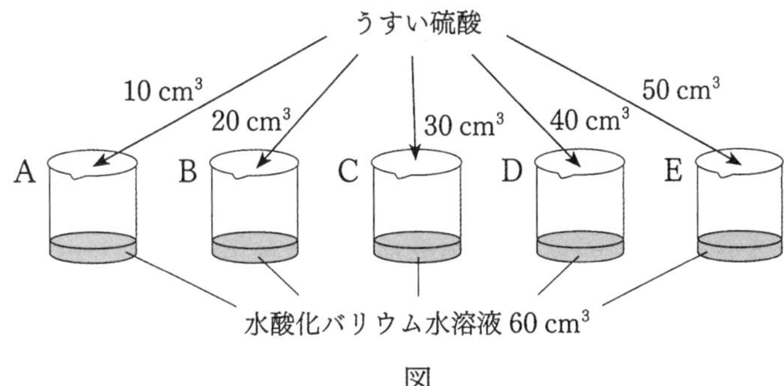

図

2 ビーカーの中身をろ過し、各ろ液にBTB溶液を加えて色を確認する。

3 生じた白い沈殿の質量を測定する。

【結果】

ビーカー	A	B	C	D	E
加えたうすい硫酸の体積〔cm^3〕	10	20	30	40	50
BTB溶液を加えたときの色	青色	青色	緑色	黄色	黄色
生じた白い沈殿の質量〔g〕	0.3	0.6	0.9		

【考察】 ビーカー内で起こった中和を化学反応式で書くと、

$H_2SO_4 + Ba(OH)_2 \rightarrow BaSO_4 + \boxed{}$ であり、

生じた白い沈殿は、硫酸バリウムだと考えられる。

BTB溶液を加えて色が青色になったビーカーのろ液では、加えた硫酸からの［ P ］イオンはすべて反応して水になったが、まだ［ Q ］イオンが残っているため、ろ液が［ R ］を示していると考えられる。

令和６年度学力検査［第Ⅰ期］

社　　会　（45分）

受検上の注意

1　「始めなさい。」の指示があるまで、問題を見てはいけません。

2　解答用紙は、この表紙の裏面です。

3　指示があったら、解答用紙と問題用紙を全部調べなさい。
　問題用紙は１ページから11ページにわたって印刷してあります。もし、ページが足りなかったり、やぶれていたり、印刷のわるいところがあったりした場合は、手をあげて監督の先生に言いなさい。そのあと、指示に従って解答用紙に受検番号、志願校名を書き入れてから始めなさい。

4　解答用紙の定められたところに、記号、数、式、ことば、文章などを書き入れて答えるようになっていますから、よく注意して、答えを書くところや書き方をまちがえないようにしなさい。

5　答えが解答欄の外にはみ出したり、アかイかよくわからない記号を書いたりすると、誤答として採点されることがあります。

6　解答用紙に印刷してある［網掛けの枠］や［※の枠］には、なにも書いてはいけません。

7　メモなどには、問題用紙の余白を利用しなさい。

8　「やめなさい。」の指示があったら、すぐに書くのをやめ、解答用紙を机の上に広げて置きなさい。問題用紙は持ち帰りなさい。

9　解答用紙は、検査室からいっさい持ち出してはいけません。

受検番号	（算用数字）	志願校	

解答

1

(1)①	
(1)②	
(2)	
(3)	
(4)	
(5)	

2

(1)①	造山帯
(1)②	
(1)③	選択
	理由 ロンドンは、
(2)	
(3)	

3

(1)	
(2)	
(3)	
(4)	
(5)	→ →
(6)	P
	Q

問題は、次のページから始まります。

1　わたるさんは、「我が国の商工業の様子」に着目して、近世までの歴史的分野の学習を振り返り、次の表を作成しました。(1)～(5)に答えなさい。

表

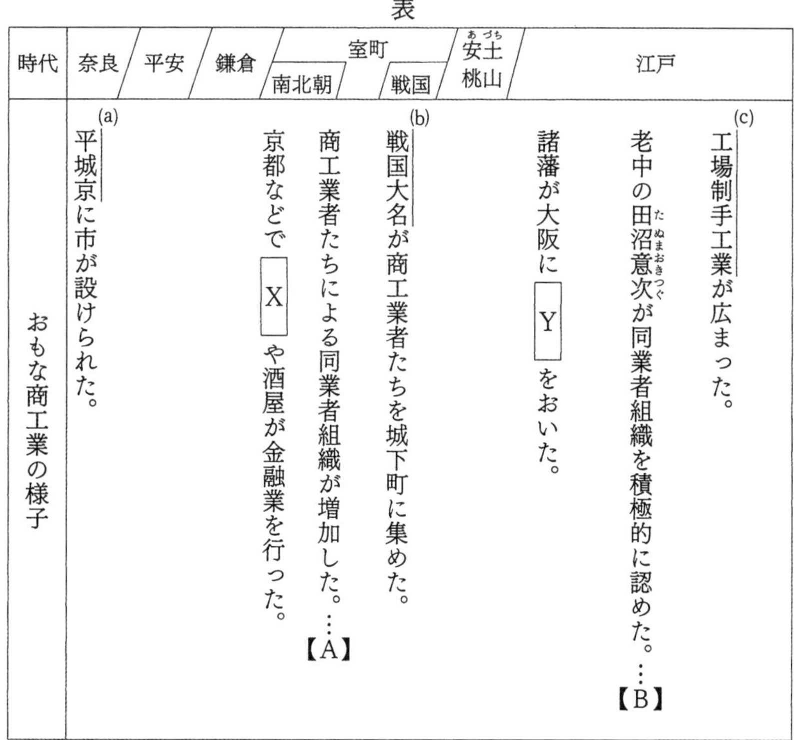

時代	奈良	平安	鎌倉	室町（南北朝）	室町（戦国）	安土桃山	江戸
おもな商工業の様子	(a)平城京に市が設けられた。			京都などで［X］や酒屋が金融業を行った。 商工業者たちによる同業者組織が増加した。…【A】	(b)戦国大名が商工業者たちを城下町に集めた。		諸藩が大阪に［Y］をおいた。 老中の田沼意次（たぬまおきつぐ）が同業者組織を積極的に認めた。…【B】 (c)工場制手工業が広まった。

(1) わたるさんは、傍線部(a)について調べました。①、②に答えなさい。

① 次は、平城京の遺跡から発見された木簡（荷札）について、わたるさんがまとめたものです。［　　］に当てはまる最も適当なことばを漢字一字で書きなさい。

> この木簡は、三斗の塩が都へ運ばれた際に使われたものです。三斗は塩の量を示しており、木簡が記されたころの成人男性一人分の税負担量だとわかりました。木簡に記された塩は、庸と同様に税の一つである［　　］として都へ運ばれたと考えました。

② 平城京に都が移された奈良時代の文化について述べた文として最も適当なのは、**ア**～**エ**のうちではどれですか。一つ答えなさい。

ア　兼好法師により随筆の文学作品である『徒然草（つれづれぐさ）』が書かれた。
イ　貴族や防人（さきもり）などの和歌を収めた『万葉集』が成立した。
ウ　かな文字の文学作品である『枕草子（まくらのそうし）』が生まれた。
エ　『一寸法師』などのお伽草子（とぎぞうし）と呼ばれる絵入りの物語が作られた。

(2) 傍線部(b)が、それぞれの領国支配のために定めた法の総称を何といいますか。

(3) 表中の［X］、［Y］に当てはまることばの組み合わせとして最も適当なのは、**ア**～**エ**のうちではどれですか。一つ答えなさい。

ア ［X］：土倉 ［Y］：藩校　　**イ** ［X］：組頭 ［Y］：藩校
ウ ［X］：土倉 ［Y］：蔵屋敷　　**エ** ［X］：組頭 ［Y］：蔵屋敷

(4) 次は、傍線部(c)の様子がわかる資料と、わたるさんがそれを見て気づいたことを書いたメモです。［　　］に当てはまる適当な内容を書きなさい。

資料

・資料は、現在の兵庫県伊丹（いたみ）市で行われていた酒づくりの様子。
・手工業による生産過程の形態に着目すると、作業場内の人々が［　　］という工場制手工業のしくみがわかる。

(5) わたるさんは、表を作成した後、次のようにまとめました。［　　］に共通して当てはまる適当な内容を書きなさい。

〈気づいたこと・整理できたこと〉
表中の【A】と【B】にある「同業者組織」という同じことばについて、詳しく調べると、次の図のようなしくみだとわかりました。

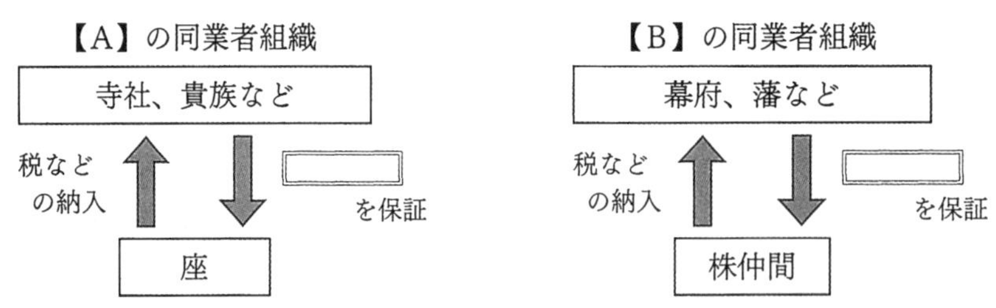

座は寺社や貴族などに対し、株仲間は幕府や藩などに対し、それぞれ税などを納入する代わりに、［　　］が保証される特権を得ている点で共通しています。

〈さらに調べてみたいこと〉
座と株仲間をもっと詳しく調べ、どのような違いがあるかを比べてみたいです。

2 次の図は、緯線と経線が直角に交わる地図であり、緯線は赤道から、経線は本初子午線からいずれも20度間隔です。(1)～(3) に答えなさい。

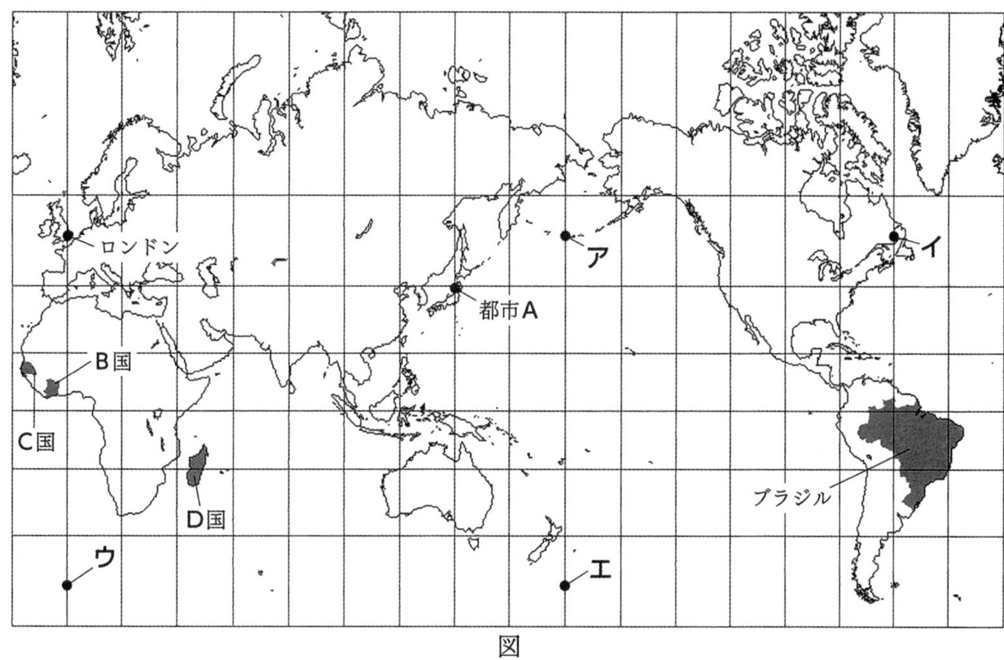

図

(1) 図の都市Aとロンドンについて、①～③ に答えなさい。

① 都市Aのある日本列島が属する造山帯は何といいますか。

② ロンドンからみて地球の中心を通った反対側の地点として最も適当なのは、図の**ア**～**エ**のうちではどれですか。一つ答えなさい。

③ 次の雨温図は都市Aとロンドンのものです。ロンドンの気候について正しく述べているのは、**ア**と**イ**のどちらですか。一つ答えなさい。また、そのような気候となる理由を、気候の要因となる海流と風それぞれの名称にふれながら、解答欄の書き出しに続けて書きなさい。

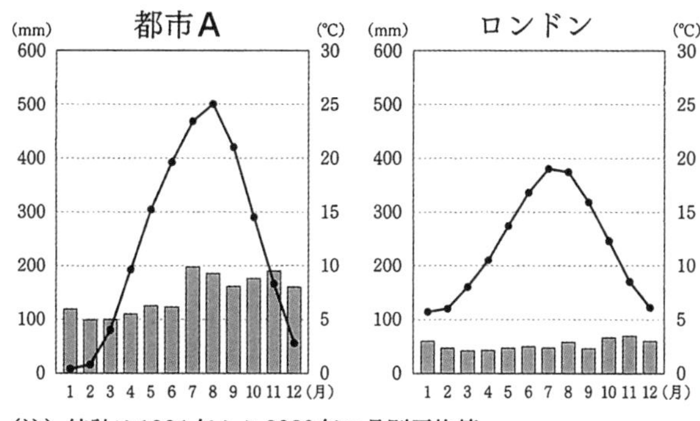

(注) 統計は1991年から2020年の月別平均値。

(「2023データブックオブ・ザ・ワールド」から作成)

ア ロンドンは都市Aに比べて高緯度に位置しているが、ロンドンの冬は都市Aの冬よりも温暖である。

イ ロンドンは都市Aに比べて月ごとの降水量の差は小さいが、ロンドンは都市Aよりも夏と冬の気温の差が大きい。

(2) 次の資料1～3は、図のB～D国それぞれに関するものです。資料1～3からわかることについて述べた次の文章の［　　］に当てはまる最も適当なことばを書きなさい。

資料1

B国の市場や街かどでは、フランスパンが売られている。

資料2

C国では、公用語としてフランス語が使用されている。その他の言語として、ウォロフ語、フラニ語、セレール語などが使用されている。

資料3　D国の輸出額上位3か国

1位	2位	3位
フランス	アメリカ合衆国	ドイツ

(注) 統計年次は2020年。
(「2023データブックオブ・ザ・ワールド」から作成)

資料1～3を見ると、アフリカ州に属しているB～D国には共通点がみられる。これは、かつて3か国が［　　］としてフランスの支配下にあったことが影響している。

(3) 次の表はブラジルの輸出額上位5品目と輸出総額に占める割合を示し、表のⅠ～Ⅲは1970年、1985年、2019年のいずれかです。表に関して説明した次のXとYの文について、内容の正誤を表したものとして最も適当なのは、**ア**～**エ**のうちではどれですか。一つ答えなさい。

表

	1位	2位	3位	4位	5位
Ⅰ	大豆 11.6%	原油 10.7%	鉄鉱石 10.1%	肉類 7.2%	機械類 7.2%
Ⅱ	コーヒー豆 34.6%	鉄鉱石 7.7%	綿花 5.7%	粗糖 4.7%	とうもろこし 3.0%
Ⅲ	コーヒー豆 9.2%	鉄鉱石 6.5%	石油製品 6.3%	大豆かす 4.7%	果実 3.1%

(注) 粗糖とは精製していない砂糖。
(経済産業省「通商白書2014年版」、「世界国勢図会2021/22」から作成)

X　ブラジルは、1970年ごろまでモノカルチャー経済の国だったため、ⅢはⅡより古い年のものである。

Y　ブラジルでは、農業に関する幅広い経済活動を行う企業が進出した結果、植物油などの原料となる作物が増産されているため、Ⅰは2019年のものである。

ア　X、Yのどちらも正しい。　**イ**　Xのみ正しい。
ウ　Yのみ正しい。　**エ**　X、Yのどちらも誤っている。

3 ゆうきさんは、歴史的分野の学習のまとめとして、民衆の政治への関わりや働きかけについて調べ、発表するためのスライドとその発表原稿を作成しました。(1)～(6)に答えなさい。

スライド1

一、今日、山城国（やましろのくに）南部の人々が集会をした。参加者の年齢は、六十から十五・六歳という。（中略）今回起きた守護大名の畠山（はたけやま）両氏の軍に対する態度を決めるためだという。
一、今後は、畠山両氏の軍は国の中に入ってはならない。
一、今日、山城国南部の人々は集会をした。山城国の法を制定するのだという。
（「大乗院寺社雑事記」から抜粋して作成）

これは、中世の山城国（現在の京都府）南部の人々が、守護大名を追い出し、［ X ］を行ったことがわかる資料です。集会には、私と同年代の15歳の人も参加していました。

スライド2

この資料は、フランス革命前の様子を表した風刺画です。この革命が起きていた1789年に発表された人権宣言では、平民の［ Y ］などの権利が示されました。

スライド3

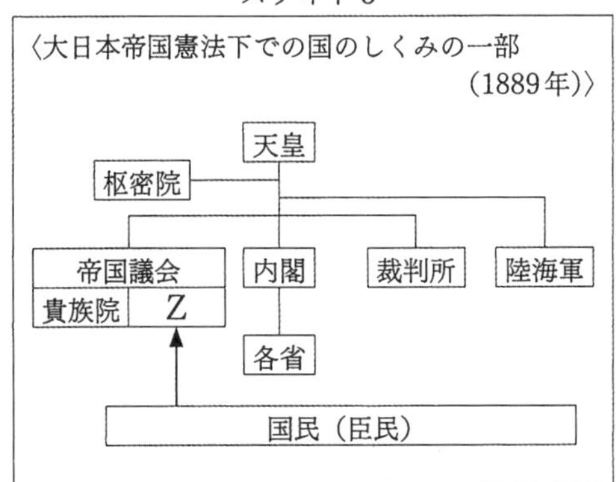

大日本帝国憲法下では、当初、［ Z ］議員の選挙権は限られた男性のみとされました。男性普通選挙権の獲得は1925年で、(a)<u>女性の選挙権は第二次世界大戦後まで与えられませんでした</u>。

スライド4

国会議事堂前に見えるのは、1960年の日米安全保障条約の改定に対して反対の意を示した人々です。多くの人が議事堂前に集まり、安保闘争が起きました。

(1) ［ X ］、［ Y ］に当てはまることばの組み合わせとして最も適当なのは、**ア**～**エ**のうちではどれですか。一つ答えなさい。

ア ［ X ］：自治　［ Y ］：自由や平等
イ ［ X ］：打ちこわし　［ Y ］：自由や平等
ウ ［ X ］：自治　［ Y ］：勤労や団結
エ ［ X ］：打ちこわし　［ Y ］：勤労や団結

(2) ［ Z ］に共通して当てはまる最も適当なことばを書きなさい。

(3) ゆうきさんは、スライド2と同様に風刺画として描かれた資料1を収集し、これに関する資料2を作成し、二つの資料から読み取ったことをまとめました。ゆうきさんがまとめた次の文章の [　　　] に当てはまる適当な内容を、下線部が具体的に指すものを明らかにしながら、資料2から読み取れる情報をもとに書きなさい。

資料1

資料2　日清(にっしん)・日露戦争における臨時軍事費とおもな講和内容

	臨時軍事費	おもな講和内容
日清戦争	210 973千円	朝鮮の独立、遼東半島(りょうとうはんとう)・台湾等の割譲、賠償金2億両(テール)
日露戦争	1 746 421千円	韓国における日本の優越権、旅順・大連の租借権、長春以南の鉄道の利権

（「明治財政史」、「明治大正財政史」から作成）

資料1の中心に描かれているのは日露戦争後の民衆の様子です。日清戦争後から、資料1の民衆が背負う荷物は負担として重たくなっていきました。日露戦争後に日比谷(ひびや)焼き打ち事件が起こったのは、民衆が [　　　] ということを知ったことが背景にあるとわかりました。

(4) 下線部(a)に関して、明治時代に青鞜社(せいとうしゃ)を結成して、女性の解放に向けて活動した人物として最も適当なのは、**ア**～**エ**のうちではどれですか。一つ答えなさい。

ア　津田梅子　　**イ**　与謝野晶子(よさのあきこ)　　**ウ**　樋口一葉(ひぐちいちよう)　　**エ**　平塚らいてう(ちょう)

(5) スライド4の安保闘争前後の我が国のできごとについて述べた**ア**～**ウ**を、年代の古いものから順に並ぶように記号で答えなさい。

ア　日韓基本条約の締結　　**イ**　警察予備隊の設置　　**ウ**　ソ連との国交回復

(6) ゆうきさんは、現在の国民の政治参加について調べ、資料3を用いて次のようにまとめました。資料3は、日本における三権分立の関係の一部を示しています。[P] に共通して当てはまることばとして最も適当なのは、**ア**～**ウ**のうちではどれですか。一つ答えなさい。また、[Q] に当てはまる適当な内容を書きなさい。

資料3

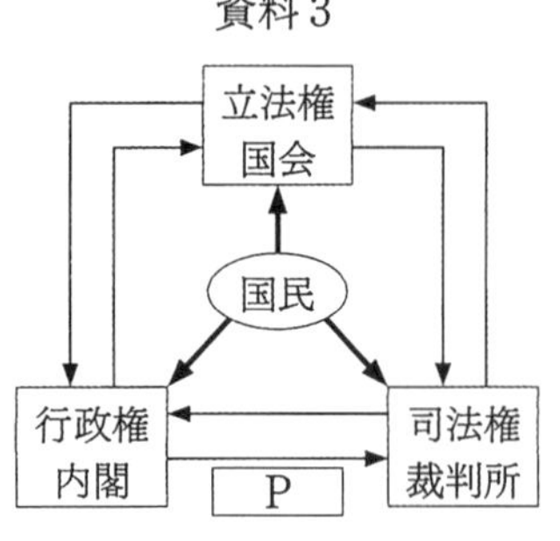

歴史の中で、民衆が政治に関わり、働きかけてきたことが改めてわかりました。資料3のように、内閣が裁判所に対して [P] を行うなどして、国会、内閣、裁判所が、たがいに抑制し合うことで、[Q] を防いでいます。そして、その中心には主権者である国民が位置しています。政治や経済などの知識や考え方を身に付け、主権者としての役目を果たしていきたいです。

ア　憲法改正の発議　　**イ**　最高裁判所長官の指名　　**ウ**　裁判員の選任

4 かなこさんは、授業で関東地方について学習した後、資料１を見つけ、なぜ群馬県大泉町では外国人人口割合が高いのかと疑問を感じました。そこで、図１と図２を用いて、資料１の五つの都道府県について調べました。(1)～(4)に答えなさい。なお、図１と図２の縮尺は異なります。

資料１

全国の外国人人口割合（%）の市町村ランキング	
1位 大泉町（群馬県）	18.8
2位 占冠（しむかっぷ）村（北海道）	12.1
3位 新宿区（東京都）	9.9
3位 蕨（わらび）市（埼玉県）	9.9
5位 美濃加茂（みのかも）市（岐阜県）	9.3

（注）統計年次は2022年。東京都の特別区は各区ごとで集計。
（「データでみる県勢2023」から作成）

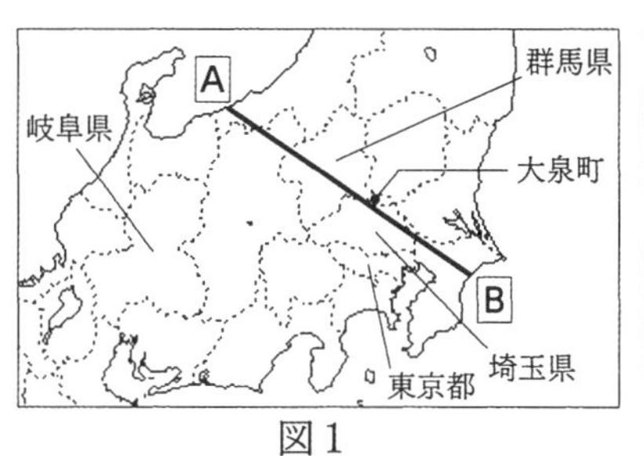

図１

図２

(1) 図１の A－B 間の断面を模式的に示したものとして最も適当なのは、**ア～エ**のうちではどれですか。一つ答えなさい。

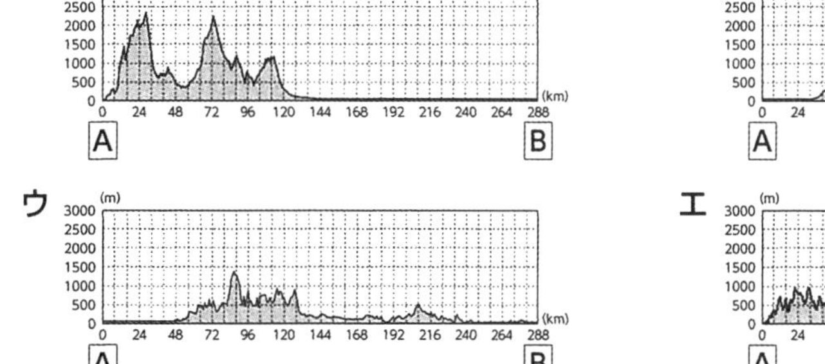
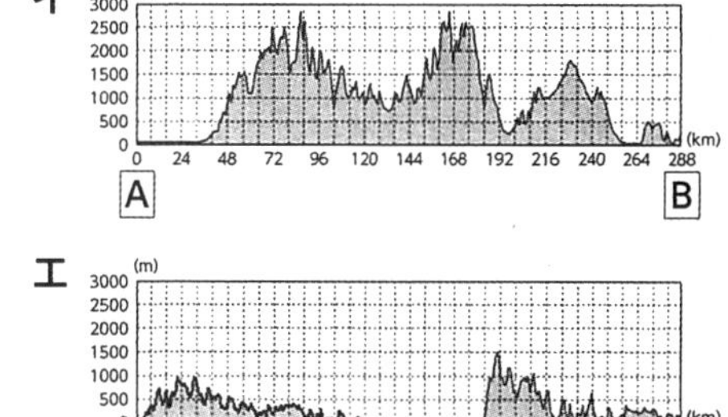

(2) かなこさんは、資料１の五つの都道府県をさまざまな視点から比較するために資料２を収集しました。資料２の**ア～オ**は、北海道、群馬県、埼玉県、東京都、岐阜県のいずれかです。群馬県が当てはまるのは、**ア～オ**のうちではどれですか。一つ答えなさい。

資料２

	昼夜間人口比率（%）	農業産出額（億円）	製造品出荷額等（億円）	※発電方式別発電電力量（百万kWh） 火力	水力
ア	119.2	229	70 805	5 620	198
イ	100.0	12 667	55 872	23 256	4 930
ウ	87.6	1 678	128 630	627	258
エ	96.3	1 093	56 149	41	8 073
オ	100.0	2 463	78 889	162	4 060

（注）統計年次は2020年（※のみ2020年度）。昼夜間人口比率＝（昼間人口÷夜間人口）×100。農業産出額は加工農産物を含む。製造品出荷額等は従業者４人以上の事業所のみ。発電電力量は電気事業者のみ。
（「データでみる県勢2022」、「データでみる県勢2023」から作成）

(3) かなこさんは、関東地方の学習内容を振り返り、群馬県の工業と農業について、次のようにまとめました。[　　　] に共通して当てはまる適当な内容を書きなさい。

群馬県の工業について

東京都・神奈川県・埼玉県は京浜工業地帯、千葉県の臨海部は京葉工業地域とよばれています。1970年代以降は、各地で [　　　] が進んだことにより、貿易港などへの製品輸送が容易となりました。これにより、群馬県などの内陸部へ工場が進出していき、多くの工場が集まる北関東工業地域が形成されました。

群馬県の農業について

群馬県の高原が広がる地域では、その気候を生かした農業が盛んです。都市から離れたこうした地域へもつながる [　　　] が進むとともに、輸送機関が発達しました。その結果、都市の住民向けの農産物を消費地から離れた地域で生産し、新鮮なまま運ぶことが可能になりました。

(4) かなこさんは、群馬県大泉町が北関東工業地域に属していることを知り、収集した資料3をもとに、群馬県大泉町と北海道占冠村の外国人人口割合が高い要因について考察したことをまとめました。資料3は群馬県大泉町と北海道占冠村の月別外国人人口割合を示したグラフです。①、②に答えなさい。

資料3

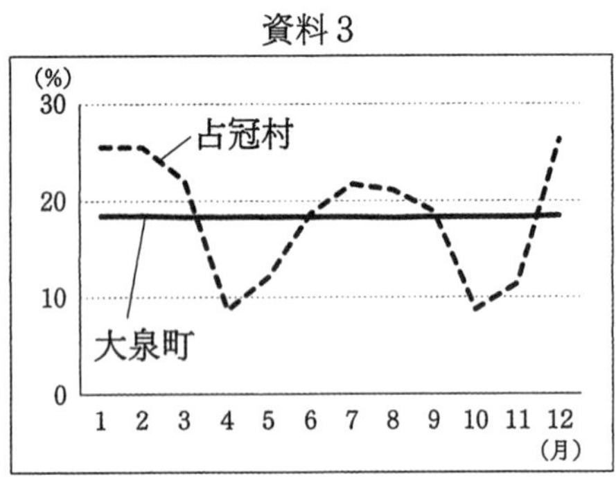

(注) 統計年次は2018年。月別外国人人口割合は各町村における月ごとの総人口に占める外国人人口の割合。外国人人口割合には、短期滞在の外国人観光客などは含まれず、就労などで住民として町や村に登録された外国人を含む。

（北海道総合政策部計画局統計課Webページ、群馬県統計情報提供システムWebページから作成）

資料3から、大泉町の外国人人口割合が高い要因は、北関東工業地域の形成を背景とした労働力不足を補う外国人の増加にあると考えました。一方、<u>図2のCの山脈</u>の西側に位置する占冠村は、グラフの推移を見ると、月ごとに変化があります。占冠村の外国人人口割合が高い要因は、大泉町のように工業地域での労働ではなく、北海道の [　　　　　] という気候の特色を生かした産業に従事する外国人の増加が関係していると考えました。今回調べた大泉町のような地域では、多文化共生に向けて、どのようなまちづくりを進めているのか、さらに調べてみたいです。

① 下線部の山脈名として最も適当なのは、**ア**～**エ**のうちではどれですか。一つ答えなさい。

ア 飛驒（ひだ）山脈　　**イ** 日高山脈　　**ウ** 赤石山脈　　**エ** 奥羽（おうう）山脈

② [　　　　　] に当てはまる適当な内容を、資料3の占冠村の月別外国人人口割合が大泉町の月別外国人人口割合より高い時期にふれながら書きなさい。

5 あすかさん、けんじさん、さやかさんのグループは、「よりよい社会を目指して」というテーマで探究する学習を行っています。次の図は、学習のはじめに、現代の社会について、人口、政治、経済の側面からどのようなことを考察するかをグループでまとめたものです。(1)～(6) に答えなさい。

よりよい社会を目指して、
現代の社会をさまざまな側面から
考察しよう。

人口
・どのような (a) 人口構成になっているだろうか。どのような (b) 課題があるだろうか。

政治
・(c) どのようにして、より多くの人の意見を政治に反映させているだろうか。

経済
・経済活動のなかで、政府や金融機関、(d) 企業はどのような役割を果たしているだろうか。

図

(1) 人口の側面を担当するあすかさんは、下線部 (a) がわかる資料１を収集しました。資料１は、日本を含む４か国における、年齢を３区分に分けた人口構成割合を示しています。日本が当てはまるのは、**ア**～**エ**のうちではどれですか。一つ答えなさい。

資料１

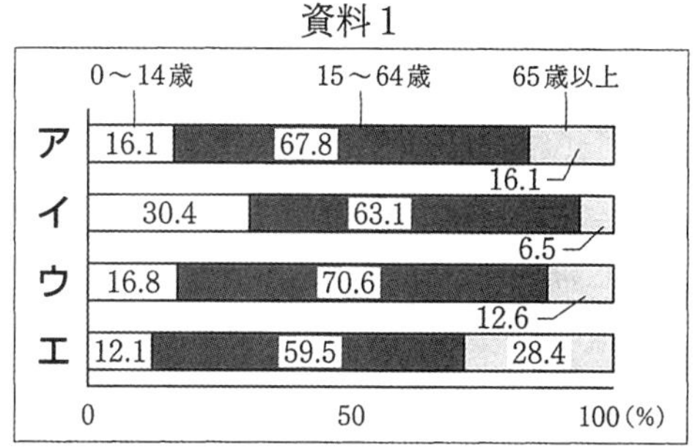

(注) 統計年次は2019年。
(「世界国勢図会2020/21」、「世界国勢図会2021/22」から作成)

(2) あすかさんは、下線部 (b) について考えるために、日本の社会保障に着目し、収集した資料２について、次のようにまとめました。①、② に答えなさい。

資料２ **日本を含む６か国の国民負担率と社会保障給付費**

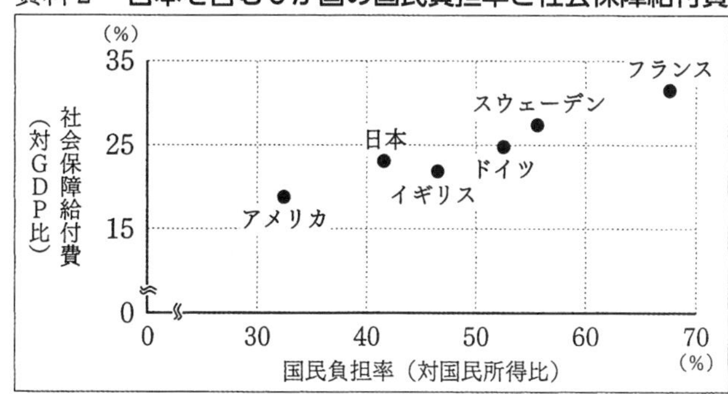

(注) 社会保障給付費の統計年次は2013年。国民負担率の統計は、日本は2013年度、その他は2013年。国民負担率は、国民の税負担率と社会保障負担率を合わせたもの。社会保障給付費は、社会保障制度によって国や地方公共団体などから国民に給付される費用。
(独立行政法人 労働政策研究・研修機構「データブック国際労働比較」から作成)

> 資料２では、フランスの社会保障は、国民の [X] なっていて、アメリカの社会保障は、国民の [Y] なっています。現在の日本の人口構成割合では、国民負担率と社会保障給付費のバランスが課題となります。日本が、資料２の状態から国民負担率を変えず、社会保障給付費のみを増加させると、将来の世代へ負担の先送りとなる [Z] の発行が増えていくことも考えられます。

① X 、 Y に当てはまることばの組み合わせとして最も適当なのは、**ア**～**エ**のうちではどれですか。一つ答えなさい。

ア X ：負担は大きく、給付も多く　Y ：負担は大きく、給付も多く

イ X ：負担は小さく、給付も少なく　Y ：負担は大きく、給付も多く

ウ X ：負担は大きく、給付も多く　Y ：負担は小さく、給付も少なく

エ X ：負担は小さく、給付も少なく　Y ：負担は小さく、給付も少なく

② Z に当てはまる最も適当なことばを書きなさい。

(3) 政治の側面を担当するけんじさんは、下線部(c)に関して、日本の地方自治のしくみを表した資料3を収集し、議院内閣制のしくみと比較して次のようにまとめました。 P に当てはまる最も適当なことばを書きなさい。また、 Q に当てはまる適当な内容を、「指名」ということばを用いて書きなさい。

資料3

〈地方公共団体〉

地方議会議員

首長

選挙

選挙

住民（選挙権を有する者）

地方公共団体には、地方議会と地方公共団体の長である首長が置かれています。国の政治において、内閣総理大臣は、 P の中から、国民による選挙ではなく Q ことが定められていますが、地方の政治では、資料3のように、地方議会の議員と首長を選挙によって選ぶことができるため、住民の意見がより反映されるしくみになっています。

(4) けんじさんは、選挙制度にも着目し、日本の選挙制度を特徴ごとに分類するために資料4を作成しました。日本の小選挙区制と比例代表制は**ア**～**エ**のいずれかに当てはまります。日本の小選挙区制と比例代表制が当てはまるものとして最も適当なのは、**ア**～**エ**のうちではどれですか。それぞれ一つ答えなさい。

資料4

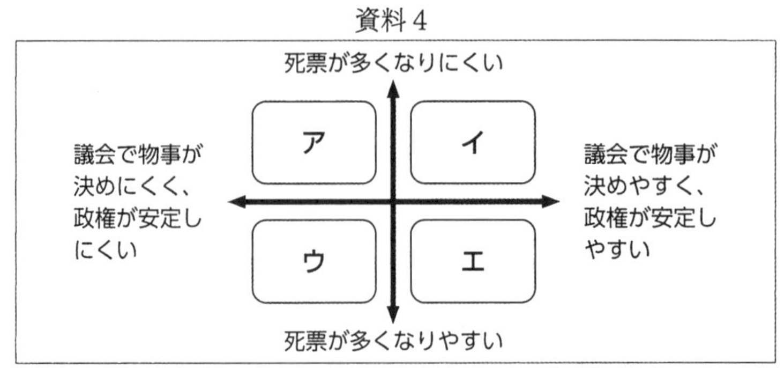

(5) 経済の側面を担当するさやかさんは、下線部(d)について学習内容を振り返り、次のようにまとめました。①、②に答えなさい。

・日本の企業には、公企業と私企業があり、公企業は国や地方公共団体が運営し、公共の目的のために活動しています。私企業は利益を求めるだけでなく、(e)企業の社会的責任を果たすことも求められています。
・現在の日本の企業は株式会社が多く、株主は、おもに企業の利潤を見通して株式を購入しますが、社会的責任を十分に果たすことができていない企業には投資しない傾向もあります。
・株主は、株主総会に出席して、企業の基本方針などに対して意見を述べることができます。また、株主には、株式を保有している企業が倒産しても、［　　　　］は負わないことが認められています。

① 下線部(e)に関して述べた次のXとYの文について、内容の正誤を表したものとして最も適当なのは、**ア**～**エ**のうちではどれですか。一つ答えなさい。

X　企業の経営状況などの情報を公開する。
Y　環境に配慮した生産や環境保護に貢献する。

ア　X、Yのどちらも正しい。　**イ**　Xのみ正しい。
ウ　Yのみ正しい。　**エ**　X、Yのどちらも誤っている。

② ［　　　　］に当てはまる適当な内容を、「金額」ということばを用いて書きなさい。

(6) 次は、現代の社会を考察する活動後に、けんじさんが書いた振り返りの一部です。［　　　］に当てはまる最も適当なことばを書きなさい。

今回、人口や政治、経済の側面から現代の社会を考察しました。探究する課題を決める次の活動では、あすかさんが調べてくれた人口の側面に焦点を当て、「日本の人口構成をふまえ、『よりよい社会』に何が必要か」を設定するのはどうかと提案してみようと思います。例えば、高齢者や障害のある人などにとって重要な［　　　］化が地域内の道路、公共交通機関の乗降口、エレベーターのボタンの位置などでどのくらい進められているかを調査することも提案したいです。

月　紙

※

※70点満点
（配点非公表）

4

(1)	
(2)	
(3)	
(4)①	
(4)②	

5

(1)	
(2)①	
(2)②	
(3)P	
(3)Q	
(4)	小選挙区制
	比例代表制
(5)①	
(5)②	
(6)	

(1) ビーカーAのろ液に、BTB溶液の代わりにフェノールフタレイン溶液を加えたときの色として最も適当なのは、**ア**～**エ**のうちではどれですか。一つ答えなさい。

ア 無色　**イ** 赤色　**ウ** 緑色　**エ** 黄色

(2) ビーカー内で起こった中和について、解答欄の[　　]をうめて、化学反応式を完成させなさい。

(3) 水酸化バリウムが水にとけて、電離したときの様子を表したモデルとして最も適当なのは、**ア**～**エ**のうちではどれですか。一つ答えなさい。ただし、●は陽イオン1個を、○は陰イオン1個を表しています。

ア
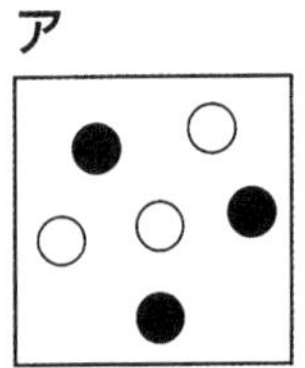
イ
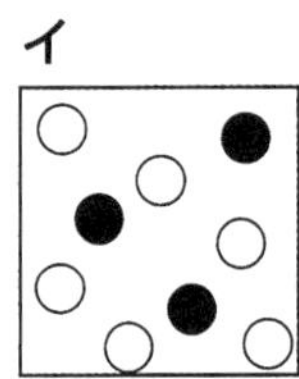
ウ
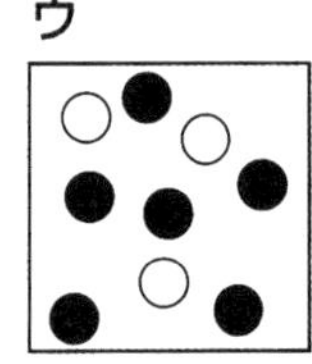
エ
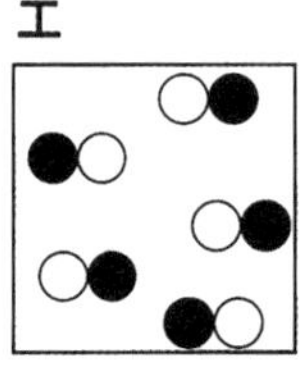

(4) 中和を示している化学反応式は、**ア**～**エ**のうちではどれですか。一つ答えなさい。

ア $2CuO + C \rightarrow 2Cu + CO_2$

イ $2NaHCO_3 \rightarrow Na_2CO_3 + CO_2 + H_2O$

ウ $KOH + HCl \rightarrow KCl + H_2O$

エ $CH_4 + 2O_2 \rightarrow CO_2 + 2H_2O$

(5) [P]～[R]に当てはまるのは、**ア**～**キ**のうちではどれですか。太郎さんの考察が正しくなるように、それぞれ一つ答えなさい。

ア 水酸化物　**イ** 水素　**ウ** 硫酸　**エ** バリウム
オ 中性　**カ** 酸性　**キ** アルカリ性

(6) ビーカーA～Eのろ液にマグネシウムリボンを入れると、ビーカーA、B、Cのろ液では変化がありませんでしたが、ビーカーDとEのろ液では気体が発生しました。このときに発生した気体の名称を答えなさい。

(7) **【結果】**をもとに、加えたうすい硫酸の体積〔cm^3〕と生じた白い沈殿の質量〔g〕の関係を表したグラフをかきなさい。ただし、ビーカーDとEで生じた白い沈殿の質量については、数値が記入されていないので、記入されている他の結果から数値を推測して、グラフをかくこと。

4 サイエンス部に所属する和也さんは、先生と日本の気象について話をしています。(1)～(4)に答えなさい。

先生：2月19日に、九州北部と四国で「春一番」がふいたと発表されましたね。

和也：はい。ニュースで発表を聞いて、季節の変化を感じました。

先生：気象庁は、立春から春分までの間に最初にふく、暖かくて強い南風を「春一番」とよんでいますが、もともと「春一番」は漁師が使っていたことばです。

和也：そうなのですね。確かに、強風は船を使う漁業に大きな影響を与えますね。

先生：図1は、「春一番」がふいた2月19日のある時刻の気圧配置と前線の様子です。図2は、関東地方のある地点Xでの2月18日正午から2月20日正午までの気温、湿度、気圧の変化を表したグラフです。

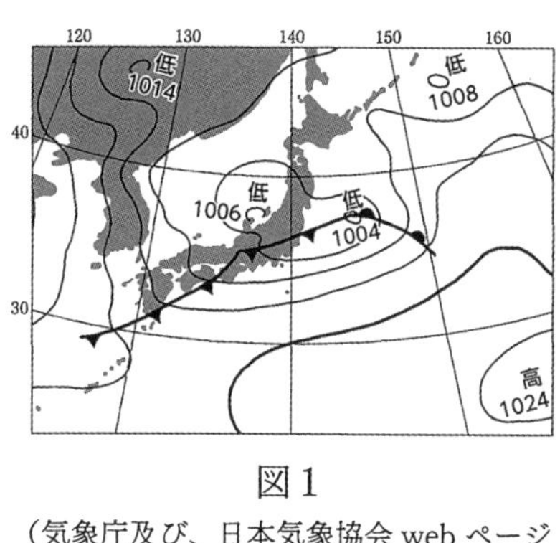

図1

（気象庁及び、日本気象協会 web ページの掲載資料をもとに作成）

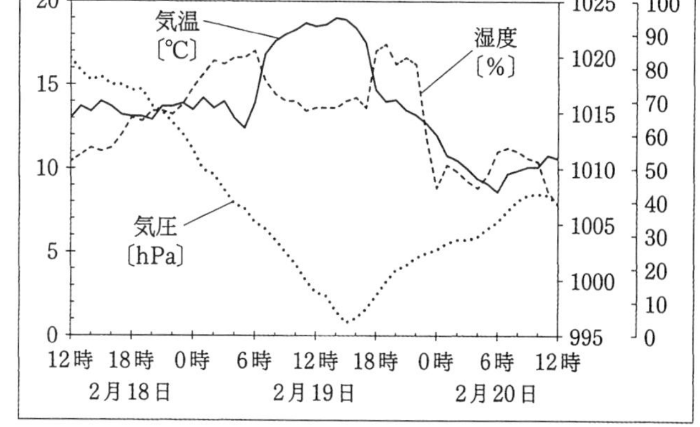

図2　（気象庁の資料から作成）

和也：2月19日は、(a)発達しながら移動する低気圧に向かって、南寄りの強い風がふき込むことで、一時的にとても暖かい日になったとニュースで聞きました。(b)図1では、温暖前線と寒冷前線が確認できます。天気の変化には、低気圧にともなう前線の通過も影響していますね。

先生：そうですね。この季節は、低気圧の通過により荒れた天気になりやすく、「春一番」のような(c)暖かく強い南風がふいて、漁業以外にもさまざまな影響をおよぼすことがあります。

(1) 下線部(a)について、日本付近の低気圧は上空の風の影響を受け、おおむね特定の方向に移動し、それにともなって天気も変わっていきます。日本の天気が変わっていく方向として最も適当なのは、**ア**～**エ**のうちではどれですか。一つ答えなさい。

ア 北から南　　**イ** 南から北　　**ウ** 西から東　　**エ** 東から西

(2)　図１と同じ日時の日本周辺の衛星画像として最も適当なのは、**ア**～**エ**のうちではどれですか。一つ答えなさい。

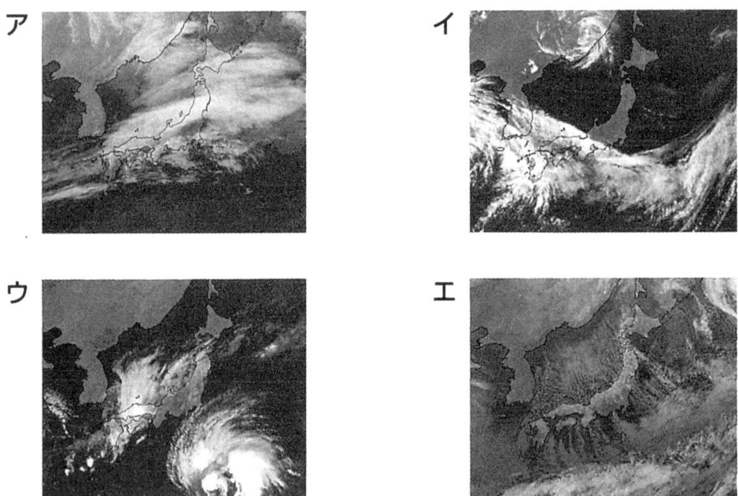

（日本気象協会 web ページの掲載資料をもとに作成）

(3)　下線部 (b) について、①、② に答えなさい。

①　温暖前線付近の空気の動きと前線の断面を表した模式図として最も適当なのは、**ア**～**エ**のうちではどれですか。一つ答えなさい。ただし、➡ は暖かい空気の動きを、⇨ は冷たい空気の動きを表しています。

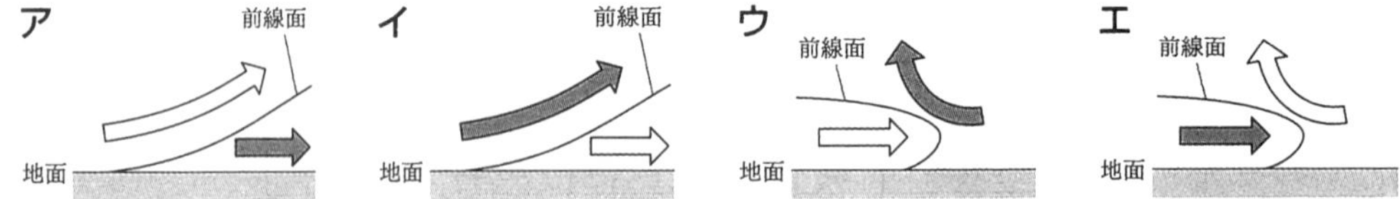

②　2 月 19 日に寒冷前線が地点Ｘを通過した時間帯として最も適当なのは、**ア**～**ウ**のうちではどれですか。一つ答えなさい。また、その時間帯を選択した理由を、図２をもとに説明しなさい。

ア　4 ～ 6 時　　**イ**　10 ～ 12 時　　**ウ**　16 ～ 18 時

(4)　下線部 (c) について、次の文章の [　　　] に当てはまる適当な内容を書きなさい。

冬型の気圧配置では、日本海側で雪が降り、太平洋側は乾燥した日が多くなる。しかし、「春一番」のような南寄りの暖かく強い風がふくと、日本海側に高温で乾燥した風がふき下ろす現象が起こる。この現象が原因となり、日本海側では気温の上昇により、[　　　] ことで、河川の増水や山間部で雪崩が起こる危険性が高まる。また、乾燥した強い風により、落ち葉などが燃えやすくなることで、大規模な火事が引き起こされる危険性もある。

5　次は、音に関する実験と音の性質について説明した文章です。(1)～(6)に答えなさい。

【実験】

(a)モノコードの弦をはじくと、弦が振動して音が出る。図1のように、コンピュータにマイクロホンを接続し、モノコードの弦をはじいたときの音の波形を調べた。ことじをはずして弦をはじいたところ、(b)図2のような波形が観測された。

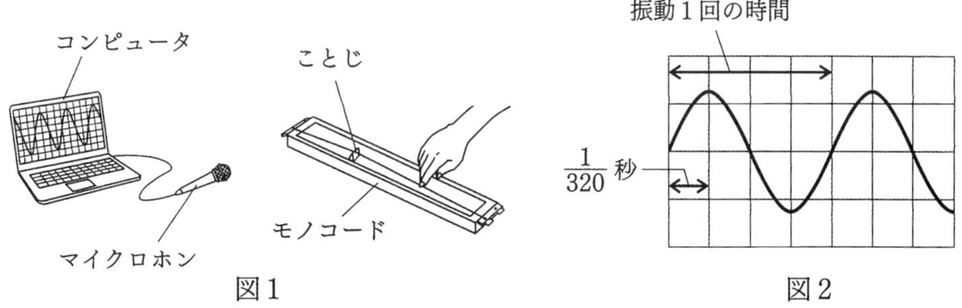

図1　　　図2

次に、図1のモノコードの弦の張りの強弱を変えたり、ことじの位置を調節することで、はじく弦の長さを40 cmと80 cmに変えたりして、音の振動数を測定したところ、表のような結果が得られた。

表

弦の張り	A		B	
弦の長さ	C	D	C	D
振動数	75 Hz	144 Hz	122 Hz	238 Hz

【音の性質】

遠くで打ち上げられた花火は、光が見えてから、音が聞こえるまでに少し時間がかかる。これは、音が空気中を伝わる速さが、光の速さに比べて[　　　]ためである。

音は空気などの気体だけでなく、液体や固体の中でも伝わり、音の伝わる速さは、一般的に気体、液体、固体の順で速くなる。

また、光と同じように、(c)音も反射する性質をもち、私たちの身の回りでは、その性質を利用した技術が使われている。

(1) 下線部(a)について、弦のように振動して音を出しているものを何といいますか。

(2) 下線部(b)について、図2の波形が観測されたときの振動数は何Hzですか。ただし、図2の横軸は時間を表し、横軸の1目盛りは$\frac{1}{320}$秒です。

(3) 表のA～Dに当てはまることばと長さの組み合わせとして最も適当なのは、**ア～エ**のうちではどれですか。一つ答えなさい。

	A	B	C	D
ア	強い	弱い	80 cm	40 cm
イ	強い	弱い	40 cm	80 cm
ウ	弱い	強い	80 cm	40 cm
エ	弱い	強い	40 cm	80 cm

(4) モノコードの弦をはじいて図2の波形が確認できた後、少し時間がたち、音が小さくなったときに観測される波形として最も適当なのは、**ア～エ**のうちではどれですか。一つ答えなさい。ただし、横軸、縦軸の目盛りのとり方は、いずれも図2と同じです。

ア

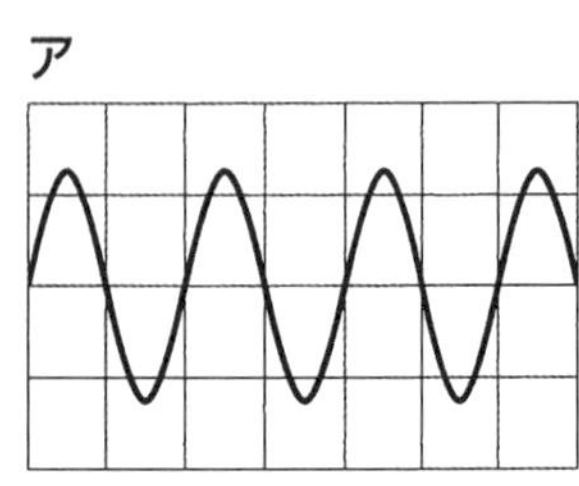

イ

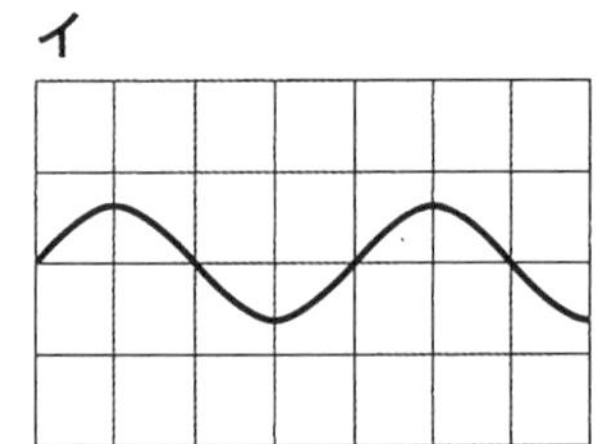

ウ

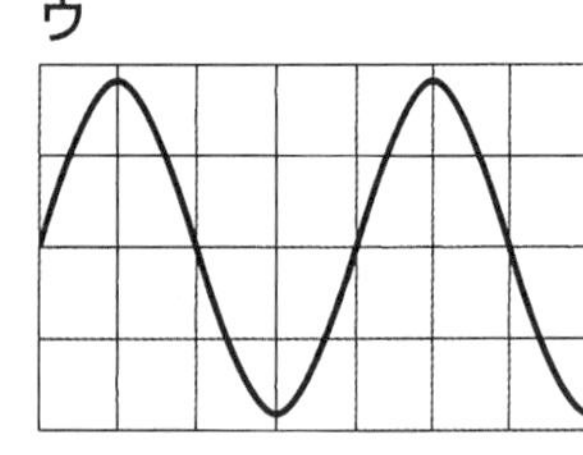

エ

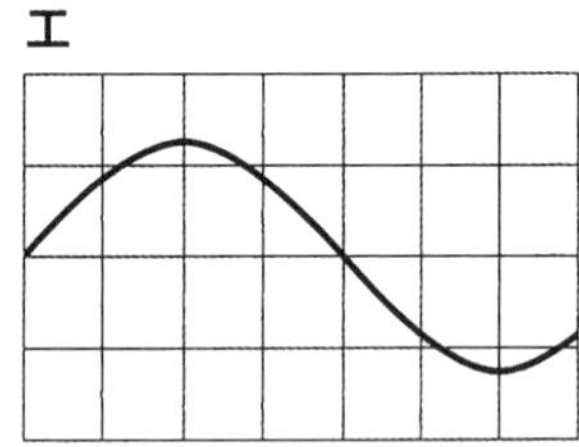

(5) 【音の性質】の［　　　］に当てはまる適当な内容を書きなさい。

(6) 下線部(c)について、次の説明を読み、①、②に答えなさい。

魚群探知機は、図3のように船底から※超音波を出し、超音波が魚群や海底に当たって反射し、船底に戻ってくるまでの時間を測定することで、魚群や海底がどのくらいの深さにあるかを調べる装置である。また、魚群や海底でどのように超音波が反射するかを読み取り、魚群の大きさや海底の様子を確認することもできる。

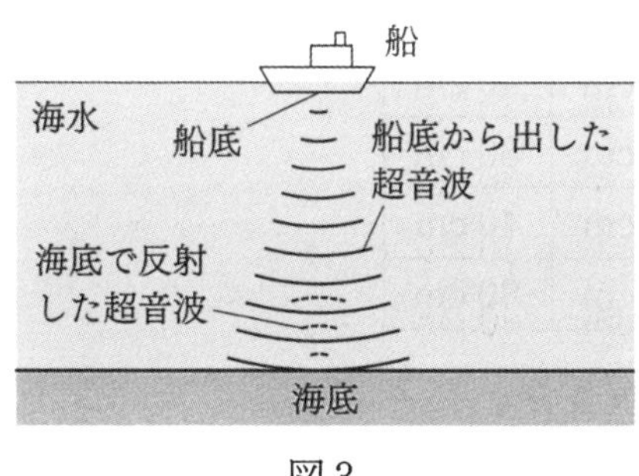

図3

また、液体や固体の中を伝わる音は、気体との境界面で反射する割合が大きいことが知られており、この性質はコンクリートの検査に利用されている。超音波をコンクリートの表面から当てると、内部のひび割れなどの空洞部分にできるコンクリートと空気との境界面で超音波が反射する。反射した超音波を読み取れば、コンクリートを傷つけることなく、ひび割れなどの劣化状況を把握することができる。

同様の技術は医療現場でも使われており、超音波検査はからだを傷つけることなく体内の様子を診断できる。超音波をからだの表面から当て、内臓の内部の構造で反射した超音波を信号として画像化することで、肝臓などの内部の様子を調べることができる。

※超音波・・・一般にはヒトが聞くことができない振動数20000 Hz以上の音

① 図3の船底から真下の海底までの距離が300 mであるとき、船底で出した超音波が、真下の海底で反射して船底に戻ってくるまでに0.4秒かかりました。このとき、海水中を音が伝わる速さは何m/sですか。ただし、海水中において、音は一定の速さで伝わるものとします。

② 超音波検査は、肺の内部の様子を、肝臓と同じようには調べることができません。その理由を説明した次の文の[　　]に当てはまる適当な内容を書きなさい。

肺は[　　]ため、超音波が肺の内部に届く前にほとんど反射してしまうので、肺の内部の様子を肝臓と同じようには画像化することができないから。

用紙

※

※70点満点
（配点非公表）

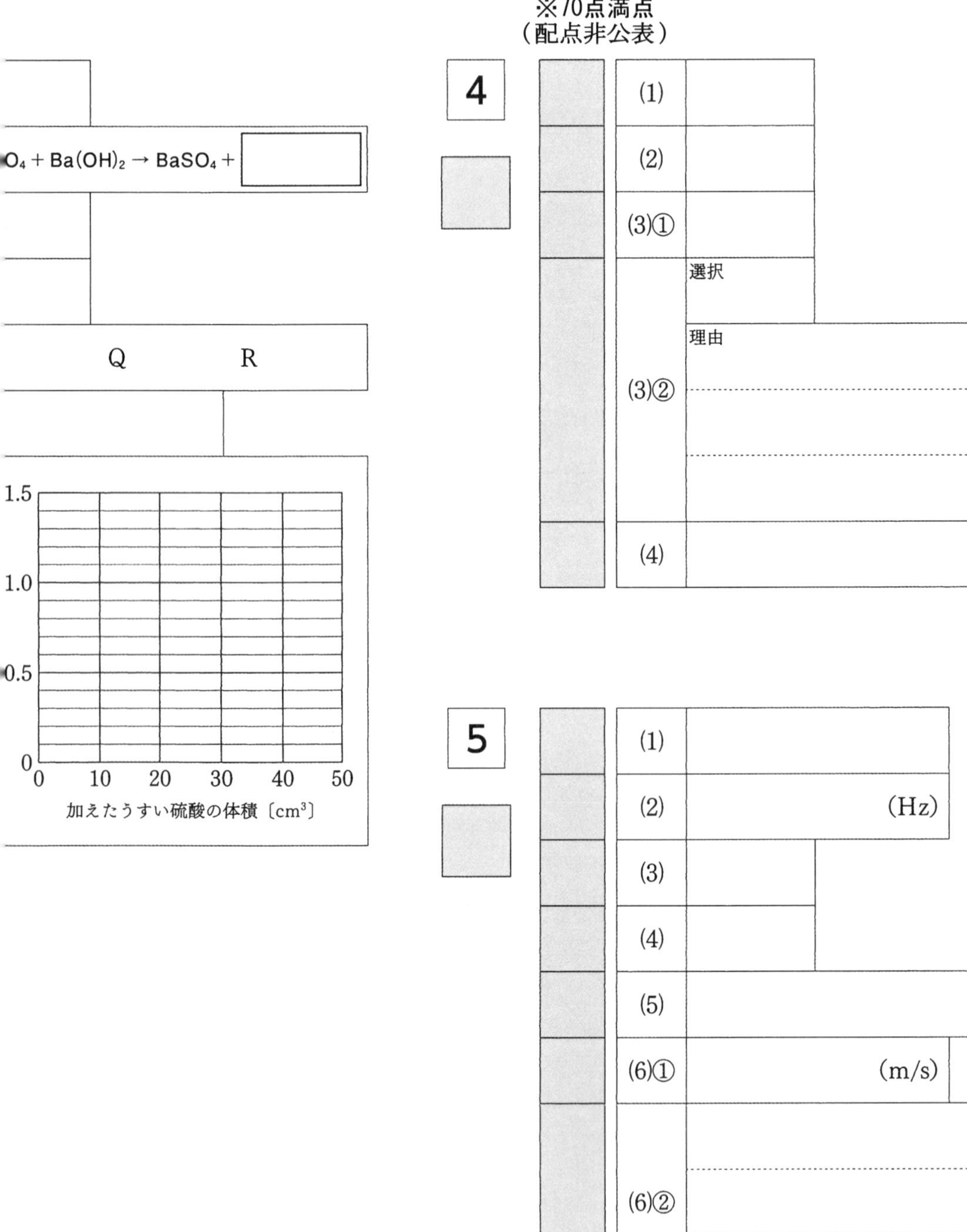

O_4 + $Ba(OH)_2$ → $BaSO_4$ +
Q
R
1.5
1.0
0.5
0
0
10
20
30
40
50
加えたうすい硫酸の体積〔cm^3〕
4
(1)
(2)
(3)①
選択
理由
(3)②
(4)
5
(1)
(2)
(Hz)
(3)
(4)
(5)
(6)①
(m/s)
(6)②

（Ⅰ）

1 聞き取り検査

※教英出版注
音声は，解答集の書籍ＩＤ番号を教英出版ウェブサイトで入力して聴くことができます。

問題Ａ 次の英文が２回読まれるのを聞いて、問題用紙の指示に従って答える。

(1)
There is a cat in the tree. A boy is reading a book on the bench.

(2)
It's Friday today. On Saturdays, Ken usually plays basketball in the gym, but this weekend, the badminton team is going to use it. So, tomorrow, Ken is going to play baseball in the park.

問題Ｂ 次の会話が２回読まれるのを聞いて、問題用紙の指示に従って答える。

(1)
A : What will we eat for lunch ?
B : I want to eat a hamburger.
A : OK. I know a good hamburger shop.
B : Where is it ?
A : (チャイム)

(2)
A : This Sunday is Mom's birthday.
B : Yes. I want to give her a present.
A : Me, too. Let's buy something for her this afternoon.
B : Do you have any ideas for a present ?
A : (チャイム)

3　Kotomiと留学生のVickyが、あるウェブサイトを見ながら、博物館への行き方について話をしています。次は、そのウェブサイトの画面の一部と会話です。ウェブサイトの画面の一部と会話の内容に合うように、【条件】1および2に従って、会話を完成させなさい。

ウェブサイトの画面の一部

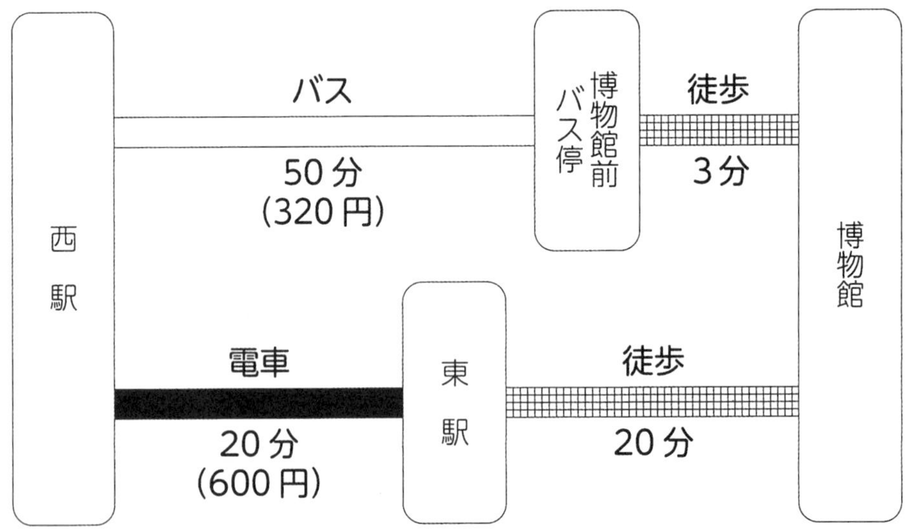

Kotomi : I'm happy to go to the museum with you tomorrow. Look at this website. How will we go there from Nishi Station ?

Vicky : I want to go there by bus. What do you think ?

Kotomi : I agree. We [　　　　].

【条件】

1　会話の[　　　　]に、「バスで行きたい理由」を7語以上の英語で書きなさい。2文以上になってもかまいません。

2　次の【語群】からいずれか1語を選び、用いなさい。使用する【語群】の語も、語数に含みます。

【語群】

minutes money

4 Hill先生の英語の授業で、Ken、Naoto、Yukiがtourism（観光旅行）について話し合いをしています。次の英文は、話し合いと、それを聞いてNaotoが授業で書いたワークシートです。(1)～(5)に答えなさい。

■話し合い

Mr. Hill : Next month, you are going to join a presentation contest. The topic is tourism. In your group, please make a special tour plan for tourists who will visit our prefecture. Today, I want you to come up with ideas for your presentations.

Ken : Well, how about visiting the old castle?

Naoto : I like your idea, but it is already a popular place for tourists. For the presentation, I'd like to talk about something different.

Ken : I see. Then, how about rafting?

Naoto : [(あ)] I've never heard about it.

Ken : When you go rafting, you ride a kind of boat called a raft. Tourists go down a river on a raft with other people. They can enjoy nature.

Mr. Hill : Ken, the activity reminds me of "adventure tourism."

Ken : Oh, I've read an article about it in the newspaper. Adventure tourism is a kind of tour. Tourists can have a new and different experience during an adventure tour. It's popular in Australia, right?

Mr. Hill : That's right. Adventure tourism has three important things: physical activity, nature, and culture. It's necessary for it to provide two or more of these for tourists during a tour.

Yuki : Wow. That's interesting. I want to know more.

Mr. Hill : Tourists ((い) can / cannot / something special / experience / that they) easily try in their daily lives. It is easy to stay home and surf the Internet to find beautiful photos of nature. However, in adventure tourism, tourists visit a place and have unique experiences. They cannot easily do that in their daily lives.

Yuki : [(う)]

Mr. Hill : Yes. In my country, Australia, I joined a tour with my friends from Japan two years ago. We enjoyed some interesting activities. Our guide knew many things about nature. We listened to him carefully and learned what we should do during the activities.

Yuki : That sounds nice. [(え)] do during the tour?

Mr. Hill : Five or six activities. For example, we climbed mountains and saw the beautiful sunrise. We really enjoyed them.

Ken : Great. Oh, I've got an idea for a good tour plan for our prefecture. Well, first, tourists will go rafting in the morning. Then, they will go camping in the mountains. At night, they will look at stars. There is a town which is famous for stars. I've never been there, but I've heard that late at night many people living there turn off the lights outside to protect the wonderful, beautiful view of the sky. Tourists will visit the town and enjoy a lot of stars.

Naoto : Ken, maybe I think I know the town. I went there with my family last winter. I saw so many beautiful stars for the first time. The night sky in the town and the one in my city were not the same.

Mr. Hill : OK. You've got a lot of good ideas. I'm sure you can start making your tour plans.

■ Naotoが授業で書いたワークシート

Today, we came up with many ideas for the presentation contest. I like Ken's idea because tourists can enjoy amazing stars at night. Last winter, I visited a town with my family and looked at a lot of beautiful stars. I hope that many people visiting our prefecture will [(お)], like me.

〔注〕 prefecture 県　raft いかだに乗る、いかだ　physical 身体的な
guide 案内人、ガイド

(1) [(あ)]、[(う)] に入れる英語の組み合わせとして最も適当なのは、**ア**～**エ**のうちではどれですか。一つ答えなさい。

ア (あ) When is the best season?　(う) Can you tell me about the hotels?
イ (あ) When is the best season?　(う) Have you ever joined a tour?
ウ (あ) What is it?　(う) Can you tell me about the hotels?
エ (あ) What is it?　(う) Have you ever joined a tour?

(2) 下線部(い)の語句をすべて用いて、話し合いの流れに合うように並べ替えなさい。

(3) あなたがYukiになったつもりで、[(え)] に適当な英語5語を書きなさい。

(4) 話し合いの内容と合っているのは、**ア**～**エ**のうちではどれですか。一つ答えなさい。

ア The students are going to join a presentation contest today.
イ Naoto would like to talk about the old castle for the presentation.
ウ Adventure tourism is popular in Mr. Hill's country.
エ Ken and his family climbed mountains in Australia two years ago.

(5) [(お)] に入れるのに最も適当な英語6語を、話し合いの中のKenの発言から抜き出して書きなさい。

5 Kumiが月（moon）での植物工場（plant factory）に関する研究について調べ、レポートにまとめました。次の英文は、そのレポートです。(1)～(6)に答えなさい。

How can we live on the moon? Some scientists try to answer this big question by making and testing hypotheses. People will need many things to live on the moon. One of them is food. When astronauts go into space now, they take food with them. However, when a lot of people live on the moon for a long time in the future, it will be almost impossible to take all of the food that they will need. To solve (あ)this food problem, the scientists made a plan to build a plant factory on the moon. If people have one, they can grow plants for food on the moon.

Imagine the conditions on the moon. These are different from the ones on Earth. For example, on the moon, when the temperature is very high, it is about 110℃ because of the strong light from the sun. When it is very low, it is about −170℃. The amount of water is different, too. On the moon, people cannot find a lot of water that they can use.

[(い)] To answer this question, the scientists have made hypotheses. For example, if they can create suitable conditions in the plant factory on the moon, they can grow plants there. There are several things that are necessary for growing plants on Earth: light, water, nutrients, suitable temperatures, and so on. However, these conditions on the moon are not suitable for plants. Then, the scientists came up with (う)some ideas for creating suitable conditions in the plant factory there. For example, they will keep suitable temperatures. They will not use the light from the sun, so they will use artificial light. Also, they will need water which has nutrients.

To test these hypotheses, the scientists built a room on Earth for their research and started to grow plants inside. Through the research, they have got useful results about [(え)]. Red is an effective color of artificial light to grow plants in the room for their research. To do so, they have found another effective color of artificial light, blue.

The scientists had another question. What kinds of plants are good for growing on the moon? To choose them, they thought about the conditions on the moon again. People will not have enough water in a plant factory on the moon, so they should find plants which can grow with [(お)] of water.

Now, the scientists believe that their research is also useful for solving food problems on Earth. Testing hypotheses has given the scientists some good ideas which can be connected with these food problems. These days, there is not enough food for some people around the world, so farmers growing plants on Earth can use the scientists' research. At first, I thought that a plant factory on the moon and the food problems on Earth were different topics. However, now I understand that these topics [(か)]. Scientists make hypotheses and test them a lot of times, and this is important for their research. By doing so, I also want to solve problems in my daily life.

〔注〕 test ～　～を検証する　hypotheses　*hypothesis*（仮説）の複数形　space　宇宙
conditions　環境　temperature　温度　amount　量
suitable　適した、適切な　nutrient　栄養　～ and so on　～など
research　研究

(1) 下線部(あ)の具体的内容を説明する次の文の［　①　］、［　②　］にそれぞれ適当な日本語を入れなさい。

将来、多くの人々が［　①　］ときに、［　②　］を持って行くのは、ほぼ不可能だということ。

(2) ［　(い)　］に入れるのに最も適当なのは、**ア**～**エ**のうちではどれですか。一つ答えなさい。

ア What language do the scientists use to solve the food problem ?
イ When will astronauts build a plant factory on the moon ?
ウ In such conditions on the moon, how can people grow plants for food ?
エ To build a plant factory on the moon, how long will the scientists need ?

(3) 下線部(う)の具体例を説明する次の文の［　　］に入れるのに最も適当なのは、**ア**～**エ**のうちではどれですか。一つ答えなさい。

［　　］ in the plant factory on the moon.

ア Suitable temperatures will not be kept　**イ** The light from the sun will be used
ウ Artificial light will not be necessary　**エ** Water with nutrients will be needed

(4) ［　(え)　］、［　(お)　］に入れる英語の組み合わせとして最も適当なのは、**ア**～**エ**のうちではどれですか。一つ答えなさい。

ア (え) artificial light　(お) a limited amount
イ (え) artificial light　(お) a large amount
ウ (え) temperatures　(お) a limited amount
エ (え) temperatures　(お) a large amount

(5) ［　(か)　］に入れるのに最も適当な英語３語を、同じ段落中から抜き出して書きなさい。

(6) 本文の内容と合っているのは、**ア**～**オ**のうちではどれですか。当てはまるものをすべて答えなさい。

ア The temperature on the moon is always 110℃.
イ A room for the scientists' research was built on Earth.
ウ The scientists have found that blue is not an effective artificial light to grow plants.
エ The scientists had a question about the kinds of plants to grow on the moon.
オ When Kumi tries to solve problems, she will make and test hypotheses many times.